国家と記録
政府はなぜ公文書を隠すのか？

瀬畑 源
Sebata Hajime

a pilot of wisdom

はじめに

政府の統計がおかしい

二〇一九年に入っても、公文書管理にまつわる問題は続発しています。二〇一八年末から、厚生労働省による毎月勤労統計調査をめぐる不祥事が各所で報道されました。担当者の負担が多いなどの理由で、東京都の調査を抽出調査に変えていたにもかかわらず、全数調査を続けていたと公表していました。また、抽出調査にした際に行わなければならない復元という統計的処理のシステム改修が行われておらず、正確な数字になっていないことが明らかになりました。

毎月勤労統計調査は、毎月の雇用、給与及び労働時間の変動を明らかにすることを目的とした基幹統計の一つです。雇用保険や労災保険の給付金の計算に利用されていたり、景気判断や国民総生産算出の基礎となっている重要な統計でした。このため、雇用保険などでは、膨大な追加支給の手続きを取らざるをえなくなりました。

厚生労働省の「毎月勤労統計調査等に関する特別監察委員会」が二〇一九年一月二二日に「毎月勤労統計調査を巡る不適切な取扱いに係る事実関係とその評価等に関する報告書」を発表しました。これによれば、二〇〇四年から抽出調査を行い始めたのは、当時の担当係長の証言では、「企業から特に苦情が多く、大都市圏の都道府県からの要望に配慮する必要があった」からだとのことでした（一五頁）。その後も何度も、調査方法を変えたことを公表する機会があったにもかかわらず、前例踏襲や事なかれ主義の中でうやむやにされてきたとのことです。しかし、そうであっても組織的な隠蔽ではないと結論づけました。なお、公文書の管理においても、遡ってデータを修正するための資料が、保存期間内にもかかわらず廃棄されていたり、廃棄方法が正規の手続きを踏んでいないなどの問題が生じていました（二一―二三頁）。

しかも、この報告書の調査自体の杜撰《ずさん》さが国会で追及されました。「外部有識者の参画の下」で行ったとされる厚労省職員らに対するヒアリングに官房長などの職員が立ち会っていたことや、そもそもヒアリングを行った三七人中一七人は、職員のみで行っていたことが明らかになりました（後に、二五人であったことを厚労相が認める〈一月二九日記者会見〉）。報告書の原案も職員が書いていたことがわかり、特別監察委員会の中立性が疑われることになりました。結局、報告書が公表された三日後の一月二五日に、根本匠《たくみ》厚労相は調査のやり直しを命じることになりました。「統計の調査方法の不備」を調査する委員会の調査方法が杜撰であるという、何が問題であったのかを理解しているとは思えない状況になったのです。

その後、統計のサンプリング方式の変更について、二〇一五年三月に、中江元哉《もとや》首相秘書官が厚生労働省の姉崎猛《たけし》統計情報部長に、「専門家の意見を聞くなど、改善の可能性について考えるべきではないかという問題意識」を伝えており（衆議院予算委員会、二〇一九年二月一四日）、さらに九月一四日には「コストの問題よりは、実態をタイムリーにあらわすという観点からは部分入れかえという考えもあるのではないか」とも話していたこと（衆議院予算委員会、二〇一九年二月二一日）が明らかとなりました。九月一六日に行われた

「毎月勤労統計の改善に関する検討会」で、結果的にサンプリング方式が変更されたため、中江氏が「賃金の下振れ」回避を期待する官邸の意向を伝えていたという「疑惑」が相次いで報じられました。この疑惑においては、厚労省も中江秘書官も文書を出さずに、中江秘書官の発言はサンプリング方式の変更に影響を与えていないと口頭で答弁し続けて、結局うやむやになりました。

「毎月勤労統計調査を巡る不適切な取扱いに係る事実関係とその評価等に関する追加報告書」は二月二七日に公表されましたが、「課（室）という組織としての独自の判断又は怠慢により不適切な取扱いがなされてきたものがあったと認められる」とまで述べているにもかかわらず（一九頁）、最後まで「組織的隠蔽」とは認めませんでした。

なお、結局二〇〇四年になぜ抽出調査に変更されたのかについて、「客観的資料等」は発見できなかったそうです（六頁）。つまり、公文書での裏付けは取れなかったということです。保存期間が過ぎていて廃棄されていた可能性もありそうですが、政策決定過程がもともと残りにくい官僚の世界から考えれば、最初から口頭や個人資料扱いの文書で、変更が決められていたのかもしれません。

ちなみに、統計を統括する総務省が統計の点検を行ったところ、基幹統計五六のうちの二四、一般統計二三二のうち一五四に、何らかの不適切な対応があったと認定しました（「毎日新聞」二〇一九年五月一七日朝刊）。公表の遅延など、必ずしも統計そのものが不適切でない事例も多く含まれていましたが、政策を行う際の基礎的なデータとなる統計の信用を大きく損ねることになりました。この一連の統計不正は、「公文書自体が信用できない」という問題になりました。

金融庁報告書問題

二〇一九年六月には金融審議会市場ワーキング・グループが出した「高齢社会における資産形成・管理」という報告書の記載内容が問題となりました。報告書の中で、「高齢夫婦無職世帯の平均的な姿で見ると、毎月の赤字額は約五万円となっている」（一〇頁）、「収入と支出の差である不足額約五万円が毎月発生する場合には、二〇年で約一三〇〇万円、三〇年で約二〇〇〇万円の取崩しが必要になる」（一六頁）と記載した部分が、年金制度は「一〇〇年安心」ではないのではとの疑惑を野党に持たれたのです。

麻生《あそう》太郎金融相や金融庁の官僚たちは、この報告書の意図は老後の生活水準の維持のために、金融資産を計画的に形成したり、資産寿命を延ばしたりする必要があるというものであり、年金制度について問題提起をしたものではないと釈明に追われました。報告書を見ればわかりますが、年金制度に関わる部分は、報告書を正当化するために安易に他の統計を利用して計算したものであり、本質的な部分ではなかったことは確かです。その意味では、内容が問題ではなく、資料の使い方を誤ったと言えるものでした。

しかし、その後の政府の方針は迷走します。六月一一日に麻生金融相は記者会見で、「政府の政策スタンスとも異なっております」ので、「担当大臣としては正式な報告書としては受け取らない」とし、ワーキング・グループの報告書を担当大臣が受理しないという異例の対応を行いました。また、この報告書は「ワーキング・グループが金融審議会の総会を経て正式に公文書になる前の文書」と述べ、「公文書ではない」との認識を示しました。このような対応を行ったのは、官邸からの指示であったことが後に明らかになっています（「朝日新聞」二〇一九年六月一九日朝刊）。

これに対し野党が予算委員会を開くように主張しましたが、六月一二日に森山裕《ひろし》衆議院国会対策委員長は、「報告書はもうなくなったわけだから、予算委員会にはなじまない」として、委員会は開かないとしました（「毎日新聞」六月一三日朝刊）。

また、四月一二日のワーキング・グループの会議において、金融庁の事務局が、退職後に必要な資産形成額を一五〇〇万〜三〇〇〇万円と試算した数字を挙げていることも明らかになりました。六月一八日の参議院財政金融委員会において質問を受けた麻生金融相は、「途中経過の文書で、金融庁の公文書にはなっていない」と答弁しました。

麻生金融相は「政府の正式見解でない」ということを説明するために、「公文書でない」という言葉を使う傾向があるようです。

ですが、もちろんこれらの文書は「公文書」です。

公文書の定義を定めている「公文書等の管理に関する法律」（公文書管理法）において、行政機関における公文書である「行政文書」の定義は、①行政機関の職員が職務上作成・取得したもの、②その機関の職員が組織的に用いているもの、③その機関が現在も保有しているもの、の三つを満たすものとされます。報告書は、金融相から委嘱された委員によって作成されたものであり、ワーキング・グループの会議で共有されており、金融庁のウェブサイトに掲載されているので保有していることは疑いありません。また、ワーキング・グループの会議で使われた資料も同様にこの三点を満たすので公文書です。

よって、「公文書であるか否か」はそもそも議論にならない常識の話です。

しかし、これはただの言い間違いではないように思います。麻生金融相は、自分たちが認めない文書は「公文書でない」扱いができると考えているのではないでしょうか。その結果、「非公式」なものである以上、この内容については答えなくてよいという論理になっていると思われます。

ですが、報告書を出した事実は変わりません。審議会のワーキング・グループなのですから、さまざまな可能性を試算してもよいわけで、政府の方針と違うデータが議論されても問題はありません。よって、政府としては、報告書を受け取った上で、「批判的にこの報告書を検討します」と答えておけばよかったのではないでしょうか。

それを、「臭いものにはふたをする」かのように、議論を避けてしまったのは非常に残念でなりません。年金問題は生活に直結する問題です。制度に不安があるのであれば、政府は逃げずに理解を得られるまで丁寧に説明を続けるべきではなかったでしょうか。

続く公文書管理問題

本書は、二〇一八年二月に出版した『公文書問題―日本の「闇」の核心』（集英社新書）の続編になります。前書では、日本の公文書管理にどのような問題があるのかを、さまざまな角度から分析を行いました。特に、南スーダンでの平和維持活動（ＰＫＯ）における「日報」の公開問題や、森友学園や加計《かけ》学園に関する公文書の開示をめぐる問題など、リアルタイムに起きていた公文書管理をめぐる問題について分析を行いました。

しかし、前書を出版した直後に、森友問題における財務省の決裁文書の改竄《かいざん》が発覚するなど、公文書管理をめぐる問題はその後も続いています。

前書の「はじめに」において、私は次のように書きました。

では、なぜ公文書はきちんと管理されなければならないのでしょうか。

公文書は、第一義的には、公務員が職務遂行の必要から作成するものです。公務員が出す処分や指令などは、文書によって行われなければなりません（文書主義）。（中略）「全体の奉仕者」である以上、国民に対して説明責任（アカウンタビリティー）を有することになります。その説明責任を果たすために、文書はきちんと作成され、管理される必要があるのです。（中略）

説明責任を果たすためには、政策決定の「プロセスを明示する」ことが必要なはずです。口頭で説明するだけではなく、文書でもって説明されなければなりません。口頭ではいくらでもごまかすことは可能です。あくまでも証拠を挙げて、説明しなければ責任を果たしたことにはなりません。

（中略）日本においては、この「プロセスを明示する」ことに対する公務員や政治家の意識が極めて低いように思います。（中略）プロセスが常に明示されることが、不当な政治介入を抑えることになります。また、プロセスが可視化されることによって、市民が政策について議論したり、検証したりすることが可能になります。これこそが「民主」主義のあるべき姿です。

行ったことの検証を疎《おろそ》かにすることは、同じ過ちを繰り返すことにもつながります。プロセスの検証がきちんと行われ、それが他の政策にフィードバックされること。そうすることで、政治はより良くなっていくのです。

今も、この問題意識は変わりません。出版から一年半が経過しましたが、まだまだ公文書をきちんと残し、公開してプロセスの検証が行われる文化は根付いていません。改めて、本書が少しでも、公文書管理制度や情報公開制度の理解につながれば、私としては嬉《うれ》しい限りです。

本書は、『時の法令』（編集：雅粒社、発行：朝陽会、発売元：全国官報販売協同組合）の二〇四〇号（二〇一七年一二月三〇日）から二〇七〇号（二〇一九年三月三〇日）まで隔号（月一回）連載された文章に加筆修正をしたものです。読みやすいように、連載のときとは章を入れ替えてあります。

目次

第四部　対談　情報公開と公文書管理の制度をどう機能させるか

三木由希子×瀬畑　源

情報公開法制定前夜

情報公開法がこれまでの文書管理のルールを変えていった

公文書大量廃棄の背景

黒塗り文書のインパクトよりも大事なこと

いくら美しい制度を作っても、生きた制度として機能させなければ意味がない

行政、公務員バッシングの風潮と公文書

制度をどう改善していくか

「真ん中あたりにいる人たちに対して、ちゃんと通じる言葉を持つ」

民主制を支える仕組みやシステムの脆弱性

「何を選ばなかったのか」ということを記録していくメリット

序章　新自由主義時代の情報公開と公文書管理制度

新自由主義の下で

日本における情報公開制度や公文書管理制度の発展は、大きく分けて二つの流れの中から生まれてきたものであると考えられます。

一つは、情報公開を求める市民運動です。一九六〇年代から七〇年代はさまざまな形の市民運動が噴出した時代でした。一九六〇年の安保闘争、学生たちの全共闘運動、ベトナムに平和を！市民連合（べ平連）によるベトナム反戦運動、消費者運動や革新自治体など。政治への「市民参加」を求めた時代であり、これらの視点には政府、さらに官僚制支配への批判という視点もありました。

一九七〇年ごろから、米国の「知る権利」を求める運動や情報自由法（一九六六年制定）が本格的に日本に紹介されるようになり、政治に「参加」するためには「情報公開」が必要であるという運動が活発化しました。その動きは、神奈川県の情報公開条例（一九八二年）などの地方公共団体の条例化に結びつき、一九九九年の「行政機関の保有する情報の公開に関する法律」（情報公開法）の制定へとつながっていったのです。

もう一つは、新自由主義の立場からの情報公開を求める動きです。新自由主義とは、「一般的には、国家の経済領域への介入による各種の調整を否定し、契約自由の原則、市場原理による景気調整等、自由主義の『復活』を企図する思想及び政策体系」のことです（菊池信輝『日本型新自由主義とは何か―占領期改革からアベノミクスまで』岩波書店、二〇一六年、V頁）。英国のサッチャー政権や米国のレーガン政権などに顕著に見られ、日本でも中曽根康弘政権や小泉純一郎政権、安倍晋三政権などが、新自由主義的な改革を行ってきました。

一九八〇年代に、対日貿易赤字が深刻になった米国のレーガン政権から、日本の官僚による行政指導や基準・認証制度などを利用した企業活動への介入が、米国からの貿易障壁になっているとの批判を受け、行政手続きの透明化や情報公開制度の導入を行うように求められました。日本の官僚制が、自由な経済活動を阻害しているとの問題意識が、当時の米国には存在したのです。例えば、日本企業は米国の情報自由法によって、競合他社の薬品の製造認可申請書を米国食品医薬品局から入手できるが、日本側は公開されていなかったことなどが挙げられます（「朝日新聞」一九九三年七月一六日朝刊）。

また、一九八九年から九〇年にかけての日米構造協議でも同様の主張をされたため、日本政府は行政手続きの透明化を図るための行政手続法を一九九三年に制定しました。また、情報公開に消極的であった自民党政権が崩壊し、積極的な新党さきがけなどが与党となる細川護熙《もりひろ》内閣の成立によって、第一の流れと第二の流れが合流し、行政改革の一環として情報公開法の制定が行われることになったのです。

ここで考えなければならないのは、情報公開制度の導入は、市民運動が政治参加を行うためのツールであるだけではなく、自由な経済競争を行うためのツールにもなるという両義性を持っていることです。これらはともに、官僚による情報の独占を批判する動きでもあり、この点において二つの流れには親和性がありました。

公文書管理法の制定

情報公開法が二〇〇一年から施行され、市民に行政文書へのアクセス権が付与されました。これによって、情報公開を利用する人たちも増え、官僚の側も積極的にインターネット上に審議会などの資料をアップロードしていくなど、官僚が独占していた情報の公開が進みました。近年では統計調査の元データも、二〇〇八年度から「政府統計の総合窓口」（e－Stat）が本運用を開始し、公開されています。

しかし一方で、情報公開請求をしても「不存在」として公開されないケースが多発しました。これは、文書が未作成であったり、廃棄されていたりしていたことや、検索システムである行政文書ファイル管理簿が機能しておらず（タイトルを曖昧にするなど）、内部の職員ですらも当該文書を探すことが困難になったことなどが原因でした。そのため、情報公開法を機能させるためには、公文書管理法が必要ではないかという声が上がりはじめたのです。

しかし、公文書管理法を実際に推進した福田康夫首相（二〇〇七―二〇〇八年）は、前述した第一、第二の流れとは、別の流れからこの法律の制定に取り組みました。それは、歴史資料として公文書をどのように残すかという、歴史資料保存運動の流れでした。

歴史資料保存運動は、主に歴史研究者によって担われた運動で、各地の古文書などの歴史資料などを保存するための文書館の整備を求めていました。その成果の一つが、国の歴史的に重要な公文書を保存する施設として一九七一年に開館した国立公文書館です。しかし、国立公文書館の権限は弱く、歴史的に重要な公文書の移管はなかなか思うように進んでいませんでした。官房長官のときに福田は、たまたま新聞記事から国立公文書館の現状を知り、歴史資料としての公文書の保存についての研究会を組織し、検討を行っていたのです。

そのため福田は、首相になった直後から公文書管理法の制定に動きました。歴史資料として重要な公文書を保存するためには、公文書がきちんと作成され、保存されていなければならないという問題意識があったからです。福田は最近のインタビューでも、首相の記録を保存するルールを作るべきと提言を行っていますが、その理由を二つ挙げています。一つは、民主主義の国として「主権者の国民が正確な事実を知ることができるようにする義務がある」。もう一つは、「日本のかたち、つまり歴史を残すこと」であると述べています（「毎日新聞」二〇一九年一月二八日朝刊）。

公文書管理法が制定される経緯を、当時リアルタイムで追いかけていた私からすると、この法律は第一、第二の流れに属する人の多くから、あまり注目されていなかったように感じていました。当時、この法律をよりよくするために修正に取り組んでいたのは、自民党の福田と上川《かみかわ》陽子初代公文書管理担当大臣、民主党の枝野幸男、西村智奈美、逢坂《おおさか》誠二、松井孝治《こうじ》などの数少ない議員たちでしかなく、野党の多くも法律の意義を深くは理解していなかったように見えました。

そのためこの法律は、むしろその後に相次ぐ不祥事の中で、第一、第二の流れに属する人たちに次第に認識されていったように見受けられます。

公文書管理法はなぜ骨抜きにされるのか

二〇一七年から、南スーダンPKO日報、森友学園、加計学園など、さまざまな公文書管理に関する不祥事が起きました。しかし、政府の改革方針は、本書で述べるように、行政文書の定義を狭める方向に進んでおり、政策決定過程の文書がどこまで系統だって残るのか疑義が生じています。

ただ、新自由主義という点から考えてみると、政策決定過程の詳細な行政文書を作成しなくなることは、むしろありうる選択肢になります。そもそも、新自由主義は、官僚制の文書主義を「繁文縟礼《はんぶんじょくれい》」であるとして、効率化を図ろうとしていたからです。法律や政令に基づき、細かい点まで文書を積み重ね、稟議《りんぎ》して決定に至るのが民主主義における説明責任のあり方だとすると、新自由主義はむしろトップダウンで即決することが効率的であると捉えます。

行政の効率性を考えるならば、細かく文書を積み重ねることは「無駄」となります。決裁文書がきちんと残っていれば、政策を行うことはできるからです。

一方、第一の流れの情報公開を求める人たちは、むしろ文書をきちんと作って残せと主張するようになります。ですが、第二の流れの新自由主義者は、文書の効率化を図り、主要な政治決定の文書だけをきちんと残せばよいと考えます。

情報公開制度を作るときには、意図は異なったものの、双方とも、官僚制からの政治の奪還を意識していました。しかし、第一の流れの影響を受けた民主党政権は、「脱官僚」を掲げ、政治主導を実現しようとしましたが、官僚制を脱しようとするほど、文書主義によって合理性を追求するよりも、「政治主導」による政治の恣意性が表に出て党派対立が激化することになり、何も決められなくなったのです。

片や、新自由主義者たちは「小さな政府」をめざし、自由競争という目的を達するために官僚の合理性を利用し、効率化を図り、「決められる」政治を遂行しているというわけです（野口雅弘『忖度《そんたく》と官僚の政治学』青土社、二〇一八年を参照）。

結果的に、不祥事が起きるたびに安倍政権は批判を受けますが、根本的には安倍政権の「決断」する政治を支持する人たちが多く、「効率性を下げる」公文書の作成を求める主張は、なかなか根付いていかないようです。

市民参加による民主主義を根付かせるには、先にふれた野口が述べるように、「決定の負荷」にどこまで市民が耐えられるのかという問題になります。市民参加による「熟議」は、利害対立の調整にもどうしても時間がかかる。それは市民参加のコストです。しかも、昨今は企業でも大学でも、トップダウンで即決していくことがもてはやされ、ボトムアップで積み上げていく手法は、批判されることが多いように感じます。

情報公開制度や公文書管理制度の進展のあり方は、私たちの民主主義への考え方の一つの表れです。不祥事への一時の批判だけに止《とど》まらず、根本的に政治のあり方を考えていく必要があります。

第一部　公文書の危機

第一章　森友学園問題の再燃

森友関連文書の開示

森友学園へ格安で国有地を売却した問題で、二〇一八年一月から、次々と行政文書が開示されました。

これまで、国会で何度も学園との交渉記録の文書開示を求められてきた財務省は、その記録は保存期間が一年未満であり、契約が成立した時点で廃棄したと繰り返し述べてきました。

では、なぜ文書が出てきたのでしょうか。

一月一九日、近畿財務局は、上脇博之《かみわきひろし》神戸学院大教授（「政治資金オンブズマン」共同代表）の情報公開請求に対し、法的なリスクなどを法務担当者に尋ねた「照会票」やその回答を記した「相談記録」など五件を開示しました。また、「毎日新聞」も同様の請求を行っており、同日に同じ文書が公開されたのです（「毎日新聞」二〇一八年一月二〇日朝刊）。他紙も、上脇氏の情報を元に、二二日から二三日にかけて報じました。

上脇氏は、二〇一七年三月に学園との交渉記録を情報公開請求したところ不開示であったため、改めて九月に「交渉に際して庁内で作成した報告文書、回覧文書」を情報公開請求したところ、この文書が公開されたとのことです。

なぜ今ごろこの文書が出てきたのかということに対し、近畿財務局の担当者は「局内の法律相談記録で、森友学園に関する応接記録や面談メモとは異なる。（国会答弁と）齟齬《そご》があるとは認識していない」と答えました（「朝日新聞」二〇一八年一月二三日朝刊）。

さらに、二〇一八年一月二九日の衆議院予算委員会で、この文書が会計検査院の検査報告の前日に提出されていたことが発覚しました。会計検査院は二〇一七年三月に参議院予算委員会の要請を受けて、一一月二二日に検査報告を行いました（「学校法人森友学園に対する国有地の売却等に関する会計検査の結果について」)。検査院は四月に近畿財務局への実地検査を行った際に、土地取引が難航して開学が間に合わなかった場合、森友学園から損害賠償請求を求められる恐れがあると主張していた近畿財務局に対して、それを法律的に検討した資料を提示するように求めたのです。今回開示された文書は、まさに検査院が要求した文書そのものでした。それを報告書発表の前日である一一月二一日に検査院に提出したのです。当然ですが、この文書の内容は報告書に反映されませんでした(「朝日新聞」二〇一八年一月三〇日朝刊)。

このことについて麻生太郎財務相は、「検査の過程において法律相談の記録があることに気づく状態に至らなかった」「開示請求への対応の中で文書の存在が判明したということから、可能な限り速やかに提出をさせていただいたもの」と答弁をし、検査院の検査のときにはわからなかったが、上脇氏らの請求で探したところ、その文書が出てきたので、検査院にも提出したと説明をしました(衆議院予算委員会、二〇一八年一月二九日)。

しかも、その後も、新たに文書が二〇件発見され、二〇一八年二月九日に国会に提出されたのです。これらの文書は、会計検査院には二〇一七年一一月二一日と二〇一八年二月五日に提出されており、検査報告に間に合っていませんでした。太田充《みつる》理財局長は、検査院による提出請求があったときに法務部門へ伝えなかったと述べて、対応を陳謝しました（衆議院予算委員会、二〇一八年二月一九日）。

また、籠池泰典《かごいけやすのり》前森友学園理事長側からも、交渉時の録音記録が相次いで共産党や報道機関に提供され、籠池氏が安倍首相夫人の昭恵氏の名前を出して、近畿財務局に大幅な割引を求めていたことが明らかになりました。

なぜ文書は公開されたのか

本書の目的は公文書管理に関する問題を分析することなので、森友学園と近畿財務局との交渉内容には踏み込みません。私がここで問題にしたいのは、「なかった」はずの交渉記録がなぜ「見つかった」のかという点です。

まず、文書が発見された経緯についての近畿財務局の説明は信用できるのでしょうか。「交渉記録」だけを探していたので、その文書は廃棄していたから見つからなかったけれども、「局内の法律相談記録」ならあったので公開しました。交渉担当者の記録ではなく、「庁内で作成した報告文書、回覧文書」を情報公開請求で求められたから、他の部局に照会して初めてわかった。また、会計検査院への報告の遅れも、後から調べてわかったため提出したのであり、意図的に隠蔽したのではない。こういった説明です。

この説明で納得する人は、果たしてどれだけいるのでしょうか。

まず、森友問題は決して遠い昔の出来事ではありません。問題が発覚した時点で、売却から一年を経過していませんでした。当然、当時の交渉担当者が財務省内に勤務していたはずであり、関連する文書がどれだけあるかを担当者に聞いているはずです。国有地の売却時に法的な問題をクリアしているのかを法務部門に確認することは特殊な仕事と思えず、日常的に法務部門とやり取りをしている可能性は高いでしょう。

また、検査院から法的な説明資料を求められたときに、法務部門に照会しなかったという説明も、どう考えてもおかしいのです。担当者本人が法務部門に照会したことを、約一年前の出来事なのに「忘れていた」ということがない限り、文書があったことはわかっていたはずなのですから。

二〇一七年二月二八日の記者会見で、麻生財務相が「この土地は、学校の建設が進んで、開校予定も近づいているという状況の中で、新たに発見された地下の埋設物が、近畿財務局と大阪航空局とで協力して法令に基づいて適正な手続き、価格によって処理されたもの」「法律的には瑕疵《かし》はなかった」と話しており、情報公開クリアリングハウスの三木由希子理事長は、「問題が表面化してから少なくとも内部で法律上問題がないことを確認しているはずなので、この段階で法律相談の記録に気づかなかった、というのはあり得ない」との指摘をしています（「メール版　情報公開DIGEST」第三三号の二、二〇一八年二月二一日）。よって、法務部門に文書があることは、麻生財務相や答弁を行っていた佐川宣寿《のぶひさ》理財局長は知っていた可能性が高いでしょう。

ここからは推測になりますが、この文書を公開すると財務省にとってマイナスになるという判断から隠していたが、会計検査院に文書の提出を求められたことで出さざるをえなくなった。法律相談の記録の保存期間が五年であったため、他の交渉記録のように一年未満で廃棄という説明も成り立たなかった。だが、報告書に書かれると困るので、発表の前日に出して報告書に書かれないようにした。しかし、会計検査院がもし国会で答弁を求められたら、この資料について話されてしまうことは必然であるため、公開せざるをえないところに追い込まれた、という経緯なのではないでしょうか。

また、上脇氏も関与している「国有地低額譲渡の真相解明を求める弁護士・研究者の会」や情報公開クリアリングハウスからは、森友問題の文書不開示に対して行政訴訟を起こされており、このプレッシャーも厳しかったと思われます。

ただ、今回公開された文書は、八億円の値引きの理由を説明しているものでもあります。政府としては、いつまでも籠池氏側からの文書や録音のリークが止まらないことから、過去の佐川氏の答弁との整合性がつかなくなったとしても、自分たちには理由があって値引きをしたのだという証拠を提出して、幕引きを果たそうとしたのかもしれません。もちろん、その理由が、万人の納得できるものであるかどうかは別問題です。

情報公開制度の趣旨

今回のような、「交渉記録」ではなく「法律相談記録」であるから、ウソを言っていたわけではないという論理は、情報公開請求を行っていると、似たような経験をすることがあります。

情報公開請求を行う場合、請求する側はどのような文書があるのかわからないため、「〇〇についてわかる文書」といった漠然とした請求をすることになりがちです。その際、行政機関の側から連絡が来て、どういった文書を探しているのかを聞かれることがあります。これは見たい文書の特定を行うためのものです。開示した文書が見たい文書と異なるものであれば、双方にとって時間の無駄ですので、この手続き自体はまったく問題がありません。

ただ、この文書を特定する作業を行う際に、官僚たちにとって都合の悪い文書を見せないように誘導されることがあるのです。例えば、森友学園と近畿財務局との交渉記録を知りたいという人が請求した場合、「交渉記録」に請求を絞るように誘導すれば、「法律相談記録」は請求されていないと言えることになります。今回の上脇氏も、近畿財務局から請求書の補正の要求が来ていました。ただ、このような手口を知っていたのか、上脇氏は文書の限定をあまりせずに回答したようです（「上脇博之　ある憲法研究者の情報発信の場」二

〇一七年一〇月一八日、http://blog.livedoor.jp/nihonkokukenpou/archives/51869211.html）。

文書の特定作業は必要ですし、多くの場合、窓口の方は真摯に対応しているでしょう。中には、情報公開の手続きを踏むと処理に時間がかかるため、行政サービスの一環として、該当文書のコピーをすぐにもらえたことも、私の経験上少なからずありました。

本来情報公開制度の趣旨は、説明責任を果たすためのものです。したがって、請求者の知りたい情報を提供するための最大限の努力がなされるべきです。

今回の問題は、交渉記録が載っていそうな文書は隅々まで調べた上で、速やかに公開するべきでした。むしろ、それをせずに隠蔽したことで、当時の佐川理財局長の答弁との整合性を追及されることになり、より深刻な問題になってしまいました。そのせいで、嵐が過ぎるのを待つかのように、安倍首相や麻生財務相が、手続きに問題がなかった、籠池氏は信用できない人物だということを繰り返し言い続けるという苦しい答弁を重ねざるをえなくなっていったのです。

今回の文書開示は、独立機関である会計検査院の検査の威力と、追及を諦めなかった市民団体や新聞社の努力の賜物《たまもの》と言えるでしょう。

第二章　文書「改竄」と民主主義の危機

「改竄」の衝撃

二〇一八年三月二日、「朝日新聞」が「森友文書　書き換えの疑い」として、国有地取引の際に財務省が作成した決裁文書と国会議員に提示した決裁文書に、内容の違いがあると報じました。具体的には、森友学園との具体的な交渉経緯や「特殊性」という記述が削除されていたのです。財務省は「我々が決裁文書として持っているものは、情報開示請求などに出しているものだけだ」として書き換えを否定し、八日には、国会議員に見せたものと同じコピーしかないと国会議員に説明をしました。

しかしその日の「毎日新聞」夕刊が、情報公開請求で入手した、財務省が大阪航空局に売却方針を通知した決裁文書に、「朝日新聞」と同じ「特殊性」という言葉が使われていたことなどを報じたのです。情報公開請求による開示である以上、その文書は行政文書であることは疑いありません。また、財務省近畿財務局の職員が自殺したという報道もなされ、次第に財務省は追い詰められていきました。後からわかったことですが、国土交通省からは、正式の決裁文書の写しが五日に官邸に提供されており、政府も逃げ切れないと判断したのだと思われます。

三月一二日に、財務省は「決裁文書についての調査の結果」を報告し、決裁文書を含めて一四の文書の改竄をついに認めました。政治家の名前とともに安倍昭恵首相夫人の名前も消されており、「朝日新聞」の報道は正しかったことが裏付けられたのです。

菅義偉《すがよしひで》官房長官は午後の記者会見で、「改竄」ではなく「書き換え」であると主張し、理由として「主文がほとんど変わっていなかった」と述べました。今回の決裁文書のうち、「書き換え」られたもののほとんどは、「調書」と書かれた説明文書の部分であるからと言いたいのでしょう。

しかし、これは言葉遊びに過ぎません。この文書は、付属する説明文書と一体となって決裁を受けているからです。よって、「書き換え」と言いつくろったところで、決裁文書を大きく変えたことには何ら変わりはありません。

麻生太郎財務相は、当時の佐川宣寿理財局長の答弁に合わせて書き換えが行われたとして、理財局と近畿財務局の責任であり、自分は責任がないと主張しました。また、佐川前理財局長は、国会の証人喚問の場において、大臣や官邸からの指示はなかったと証言しました（二〇一八年三月二七日）。

ただ、二〇一七年に森友問題が最初に浮上したときに、佐川理財局長は、森友学園との交渉に関する文書は、売買契約締結で事案は完結したので、保存期間一年未満であった文書はすでに廃棄済みであると主張しました（衆議院予算委員会、二〇一七年二月二四日）。麻生財務相も「適切に文書管理しており、直《ただ》ちに保存期間を見直す必要はない」として理財局の対応を庇《かば》ったのです（参議院予算委員会、三月八日）。森友学園と契約してから一年を経過していないのに、交渉記録が一切捨てられているのは明らかに不自然でした。

このときに、麻生財務相が「徹底的に調査をさせ、データを復元してでも説明責任を果たします」として、省内を徹底調査していれば、このような改竄が行われることもなかったし、「朝日新聞」がリークするまで隠蔽されることはなかったでしょう。

今回改竄された文書は、二〇一七年二月に公表されていれば、政治家などの口利きの問題はあったにせよ、民主主義を揺るがす問題にはならなかったと思います。政治家が情報公開を徹底し、国民への説明責任を果たすようにしていれば、ここまでの騒動にはならなかったのではないでしょうか。

文書主義と公文書管理法

では、なぜ「改竄」が問題なのでしょうか。

近代国家は国家の果たす役割が大きくなりますので、必然的に行政が行う仕事量は増えます。そして、その量的な増大と質的な複雑化に対応するために、官僚制が整備されます。大規模で複雑な組織においては、業務内容を共有し、「言った」「言わない」という不毛な摩擦を避けるために、「文書」の作成とその適切な管理が必要となるのです（前掲『忖度と官僚制の政治学』二六―二七頁）。

つまり、近代官僚制は「文書主義」で動いているのです。何かを決定するときには、原則として文書が作られ、それに基づいて行政は執行されます。特に決裁文書は、行政機関が組織として最終的な意思決定を下した証拠となるものであり、行政の正確性を確保し、責任の所在を明確にするものです。そのために、起案した文書を職階が下位の人から順に印鑑を押していくのです（稟議制）。

国王などといった特定の人物の恣意で行政が行われるのではなく、憲法や法律といったルールに従って合理的に行われることが、近代国家の姿です。そして、決裁文書はその基本を支えるものです。

各行政機関の歴史的に重要な決裁文書は、国立公文書館などの公文書館で永久保存され、一般に公開されています。

「決裁文書」の内容が後から変えられることはないということは「常識」の類いです。もし稟議中に修正がなされる場合は、赤字を入れるなど、何が修正されたかをわかるようにします。歴史資料となっている公文書を見ていると、そのような訂正の入った文書は少なからず存在します。

しかし、それはあくまでも決裁中の修正であり、稟議が終了した後の文書を書き換えることはありえません。途中で変更になった部分を清書し直すケースはありますが、当然内容を変えることはありません。だからこそ、文書に基づいて行政は行われ、国会などでの議論も成り立つのです。もし、後から変えられるということになれば、決裁そのものの正当性が疑われることになり、ひいては文書主義で動いている官僚自身の存立基盤までをも危うくすることになります。「決裁文書」が信用できなくなったら、その行政機関の決定はすべて信頼できなくなってしまいます。その場合、どうやって仕事を進めるというのでしょうか。

そして、この「文書主義」の精神は、公文書管理法にも当然反映されています。

公文書管理法の第一条には、公文書は「健全な民主主義の根幹を支える国民共有の知的資源として、主権者である国民が主体的に利用し得るものである」とし、「国及び独立行政法人等の有するその諸活動を現在及び将来の国民に説明する責務が全うされるようにする」ために、適正な管理などが行われなければならないとしています。また、第四条では

「経緯も含めた意思決定に至る過程」や「事務及び事業の実績を合理的に跡付け、又は検証」ができるために「文書を作成しなければならない」として、文書の作成義務も書かれています。

つまり、行政の諸活動は文書で記録しなければならないのです。そしてその公文書は、あくまでも「国民のもの」であり、公文書は「現在」だけではなく「将来」の国民への説明責任を果たすために作成、管理される必要があります。そうしたことによって「民主主義の根幹」を支えるものなのです。

今回の改竄は、この公文書管理法の精神を踏みにじるものであり、民主主義の基盤を掘り崩すものに外なりません。

対策はどうするのか

では、このような改竄に対して、どのような対策を取るべきなのでしょうか。

そもそも公文書管理法は「性善説」に立っているため、この法律固有の罰則規定が存在しません。そもそも改竄されることを、公文書管理法は想定していないのです。

また、こういった悪意のある改竄に対しては、公文書管理法があろうがなかろうが、内部からの通報でもない限り簡単には見破ることができません。特に、電子媒体で文書を作成するようになってからは、紙の文書の差し替えはたやすく行うことができてしまう。電子決裁システムの利用などが対策としては想定されるのですが、システムだけで解決できる問題ではないのです。

なお、与党の議員からは、公文書管理法に罰則を導入すべきではないかという主張も出ています（「毎日新聞」二〇一八年三月二一日）。しかし、罰則の導入は慎重に考える必要があります。

例えば、文書の作成方法や管理方法に罰則を入れた場合、現場が萎縮をして文書を作成しなくなる可能性があります。今回の近畿財務局の決裁文書には、非常に細かい交渉記録が書かれていました。そのために、決裁文書の改竄が行われることになったと思われます。そうなると、今回のことを「負の教訓」として、文書を詳細に作りすぎたことが問題であったという認識が広がれば、今以上に文書を作成しなくなったり、文書を短期間で廃棄したり、私的メモにして公文書としなかったりという、前書から私がたびたび指摘しているようなことが進む可能性があるのです。

これらを罰則で止めるのは困難です。作成しないことを罪に問うのは、証拠がない以上簡単ではありません。「公文書を隠蔽する」ことが罪になるなら、「公文書にしなければよい」ということになりかねません。

それよりもまず考えるべきは、公益通報者保護制度の拡充ではないでしょうか。現在の公益通報者保護制度は、「犯罪行為又は最終的に刑罰につながる法令違反行為の事実について通報を行った場合」（消費者庁）にしか適用されません。よって、刑罰の存在しない公文書管理法は適用外なのです。

そこで、不適切な公文書管理がなされていたときに、その是正を第三者機関に訴えることができる制度を作ることで、適切な公文書管理に近づけることは可能です。例えば、公文書管理委員会に通報できる制度を作り、委員会が調査や勧告を行うことができるようにするといったことが想定されます。

最終的には、公文書管理を統括する司令塔の役割を強化する必要があります。公文書管理院のような人事院クラスの機関を設置し、公文書管理や情報公開、その関連である特定秘密の管理などを統括し、各行政機関の公文書管理を徹底させるための指導や研修なども可能にする仕組みが必要であると考えます。また、行政監察をもっと強化できる仕組みなども考えなければなりません。

ただ、そこに行き着くまでには、現状では公務員の定員を増やせないという問題など、クリアしなければならない問題が山積しています。少なくとも、前書でも紹介した野党が共同で提出している公文書管理法や情報公開法の改正案をまずは検討することで、公文書がきちんと作成され、管理されるような仕組みが徹底されることが先決でしょう。

第三章　政策決定過程の文書を残すことの意義

「応接録」の廃棄問題

二〇一八年六月四日、財務省は「森友学園案件に係る決裁文書の改ざん等に関する調査報告書」を公表しました。財務省はこれまでかたくなに文書の「書き換え」と述べていましたが、ついにこの報告書で「改竄」であると認めたのです。改竄の問題点については、前章で述べているので、ここでは、「廃棄した」としていたのに発見されて公開された「応接録」の取り扱いについて、公文書管理の視点から検討してみましょう。

「応接録」とは、外部からの問い合わせがあったとき（面会や電話など）、その備忘録として書かれる行政文書です。「応接日時」「応接方法」「先方」または「相手方」「当方」(誰が対応したか)という欄があり、文書の保存期間は「事案終了まで」あるいは「一年未満(事案終了まで)」となっていました。

この応接録の保存期間である「事案終了」がいつなのかが、ここでは問題となります。報告書によれば、売買契約が締結された時点で終了したと考えていた職員がいる一方で、当面は保存すると考えた職員がいました。また、個別の国有財産の管理処分に従事する職員は、外部からの照会等に備えて手元に文書を保存しておくことが多く、近畿財務局の職員も、今回の応接録を保存していました。

二〇一七年二月に国会で問題になると、売買契約締結の二〇一六年六月二〇日で事案は終了していると「整理」され、「文書管理のルールに従って適切に行われる」ために、まず政治家関係者の応接録を廃棄していきました。佐川理財局長は、二〇一七年二月二四日の衆議院予算委員会で、「各種応接録の実際の存否を確認しないまま」、国会で応接録は廃棄されたと答弁しました。局長から「文書管理の徹底」の念押しがあったため、理財局総務課長が応接録の廃棄を指示されたと受け止め、近畿財務局管財部長へ「文書管理を徹底すべき」と伝達され、文書の廃棄が行われたというのです。ただし、廃棄の指示を受けたと認識していない職員がいて、応接録の廃棄は徹底されませんでした。

実際に残されていた応接録は、二〇一八年五月二三日に公表されました。それまでは、残されていた応接録は「行政文書ではない」＝「個人資料」とみなし、情報公開請求を受けても「文書不存在」として公開しなかったのです。

何が問題なのか

まず、財務省がこの行政文書の一部を「事案終了まで」「一年未満（事案終了まで）」との保存期間にしていたことが指摘できます。報告書を見ると、前者も一年未満の一類型であるので、事実上は同じ記載と考えてよいでしょう（報告書一三頁）。そもそも、売却交渉が一年未満で終わるかどうかは、事案を進めてみないとわかりません。実際に森友学園との貸し付け・売却までの一連の交渉は一年以上かかっています。なのに「一年未満」としているのはおかしいのです。

この文書を「一年未満」としているのは、公文書管理法の規定を免れるためであるのは間違いないでしょう。公文書管理法の運用は、保存期間が一年未満の文書であれば、行政文書ファイル管理簿に登録しなくてもよく、廃棄の際に内閣総理大臣の同意（事実上、内閣府公文書管理課のチェック）を必要としません。つまり、各行政機関内部の処理で、文書を作成したり廃棄したりすることができるのです。

公文書管理法の条文には、一年未満保存文書を例外的に取り扱うとは記載されていません。しかし、公文書管理法が施行されたときに「公文書等の管理に関する法律（平成二一年法律第六六号）第八条第二項の同意の運用について」という文書が内閣総理大臣決定で出されており、一年未満の保存期間の行政文書ファイル等は、廃棄の際に内閣府との協議は必要ないとされました。この文書は、当時公開されることがなかったのですが、近年に情報公開クリアリングハウスの三木由希子理事長が文書を入手し、公開したものです。現在は内閣府のウェブサイトで公開されています。

財務省は応接録を「行政文書」（公文書）として扱ってはいましたが、事案が終了したとみなした段階で、自分たちの判断で廃棄できるようにしていたのです。

次に指摘できるのは、「適切な文書管理」の名の下に文書廃棄が進められたことです。国会から国有地売却の経緯を公開せよと求められたときに、その経緯である応接録が残っていたにもかかわらず、「本来捨てられているべきものなので、公開してはならない」という論理で廃棄を進めました。

公文書管理を適正に行わなければならない理由は、「現在及び将来の国民に説明する責務が全うされるようにすること」（公文書管理法一条）のためです。当然、残されている文書を公開するのが、この目的に沿うことになるのは言うまでもありません。しかも、文書を残した人の中には、「後日必要になるかもしれない」と考えた者もいたようであり、業務に必要でもあったはずです。ですが、公文書管理法の目的よりも、自分たちの文書管理の原則を優先させるという理由を付けて、隠蔽のために廃棄したのです。

これらの問題点は、本書でも何度も繰り返しますが、公文書管理がなぜ必要なのかという公文書管理法の目的を理解しておらず、公文書が「国民のものである」という感覚がないことに由来するのではないでしょうか。

改革の方向性

なお、公文書管理法の運用規定である「行政文書の管理に関するガイドライン」の二〇一七年一二月の改正で、一年未満保存文書の限定（別途、正本・原本が管理されている行政文書の写しなど）がなされたため、濫用の制限はかけられました（第九章参照）。ガイドライン改正に合わせて財務省文書管理規則も改定され（二〇一八年四月一日）、「契約に関する事項」は「契約に係る決裁文書及びその他契約に至る過程が記録された文書」は「契約が終了する日に係る特定日以後五年」は保存されることになったのです。

これによって、経緯がわかる文書は事案終了後五年は保存されますが、応接録が残されるかはわかりません。今回問題となった決裁文書にも「経緯」は書いてありました（そこを改竄したわけですが）。応接録は、経緯の証拠となる文書です。歴史研究者としての私の立場からすると、証拠となる経緯もセットになって残っていることが、書かれている内容の信頼性を担保することになります。なので、応接録も残されるべきです。

ですが、財務省の中で「契約に至る過程」の文書をどのように解釈しているかによって、文書の残り方は変わってくるでしょう。また、逆に自分たちが自由に捨てることができなくなると、文書自体を作成しなくなる恐れもあります。きちんと文書が作られているか、その後の検証が必要だと思われます。

財務省の報告書を見ると、改竄に対する対応については、電子決裁への移行などの改革案が出されていますが、応接録の廃棄の問題については、上記の管理規則改正で対応済みという考えのようです。

麻生太郎財務相は、一部職員に問題行動があったに過ぎず、改竄などは「全省的かつ日常的に行われているわけではない」として「組織ぐるみ」ではないと否定し続けています（二〇一八年六月四日記者会見）。ですが、一年未満保存文書の使われ方などからわかるように、今回のような改竄や隠蔽を行ってしまうような文書管理の考え方が、財務省には存在するのではないかと疑わざるをえません。「一部職員」の問題ではなく、全省の公文書管理の問題だと考え、根本的に公文書管理のあり方を見直すべきではないでしょうか。

文書主義はどこへ？

昨今の安倍政権の公文書問題への対応を見ていると、日本はそもそも近代国家であったのか疑問に思います。近代国家は「法の支配」が徹底されているものです。「法の支配」とは、権力者であっても法に縛られるという原則です。恣意的な行政を排し、ルールを守り、人を説得するときは論理で行う。だからこそ、近代官僚制の原則は文書主義であり、最終決定を下した証拠を残し、行政の正確性を確保するのです。

しかし、安倍政権の下で、説明責任を果たされないことが散見されます。文書を突きつけられても証拠を出さずに口頭で済ます。どれほど論理を尽くして追及しても、論理で返答しなかったり、論点をずらして答える。そして、それをよしとするメディアや国民が一定数存在しています。

行政手続法（行政の一般的な手続きについて統一的に定めた法律、一九九四年施行）が制定されたとき、後に公文書管理委員会委員長を二〇一四年から一九年まで務めた行政法学者の宇賀克也《かつや》東大教授（現：最高裁判事）は、行政手続法以前の状況を、「行政が法律に基づいて行われなければならないという、近代法治国においては当然のことが必ずしも十分に認識されず、このことは、実体面より手続面においては顕著であった。（中略）申請をいかに処理するかは、担当の行政官次第という前近代的な『人治行政』が決して例外的とはいえないのが実態であった」（『情報公開法の理論』有斐閣、一九九八年、二―三頁）と説明しています。この行政手続法に基づいて情報公開法は制定され、そして今、公文書管理法が施行されているのです。しかし、この国は果たして「人治行政」を脱することができたのでしょうか。もちろん、その要素がゼロにはならないことは承知の上ではありますが。

それでもなお、言論の世界に生きる私は理を尽くすしかないと腹をくくっていますが、理が通じない安倍政権は、この国の民主主義から誕生したのです。歴史研究者として、この国の民主主義の歴史を、公文書問題から考える必要があると強く感じています。

第四章　イラク日報問題に見る公文書管理の歪《ゆが》み

イラク日報の「発見」

二〇〇四年から〇六年にかけて行われた陸上自衛隊のイラク派遣の際の日報が存在していたことが、二〇一八年四月二日に公表されました。このときに小野寺五典《いつのり》防衛相は、一月に発見されたものだとの説明を行いましたが、小野寺防衛相自身がこの経緯に疑問を持ち、再調査をさせたところ、二〇一七年三月二七日に陸上自衛隊研究本部（現：教育訓練研究本部）で見つかっていたにもかかわらず、その報告がなされなかったために、公表が遅れたことが明らかになりました。そして、翌々日の四日にこの事実が公表され、隠蔽を疑われる状況になったのです。

では、改めて公表までの流れを、新聞記事などから確認してみましょう（表参照）。

南スーダンPKOの日報が統合幕僚監部から発見されたと二〇一七年二月七日に公表されましたが、このときに、自衛隊の他の海外派遣の日報が存在するかが議論となり、一六日に野党議員からイラク派遣時の日報について防衛省に問い合わせがありました。しかし防衛省は、イラク派遣部隊と連絡を取っていた課にしか確認をせず、日報を発見できませんでした。二〇日の衆院予算委員会では、稲田朋美防衛相が「確認をいたしましたが、見つけることはできませんでした」と答弁しました。

しかし、二二日に稲田防衛相は「本当にないのか」と職員に尋ねたため、辰己昌良《たつみまさよし》統幕総括官が「探索いただき無いことを確認いただいた組織・部署名を本メールに返信する形でご教示いただけますでしょうか」とのメールを、統幕と陸上幕僚監部、航空幕僚監部に部下を通じて送りました。この文面はどう見ても、なかったと報告した組織に再度報告せよとの指示にしか見えません。結果、以前と同じ報告がなされただけで発見にはつながらなかったのです。また陸幕だけは、存在する可能性のある中央即応集団司令部と研究本部

イラク日報の公表に至る経緯

2017年	
2月7日	南スーダンPKO日報が統幕にあったと公表。
2月16日	野党議員がイラク派遣についての資料請求。統幕、陸幕、空幕の運用支援課(現地部隊と連絡を取っていた課)のみに問い合わせ(3時間半後の回答要求)。存在せずとの回答。
2月17日	野党議員から国会での質問通告。
2月20日	稲田朋美防衛相が衆院予算委員会で「残っていないことを確認した」と答弁。
2月22日	稲田防衛相がイラク日報が「本当にないのか」と口頭で尋ねる。辰己昌良統幕総括官の部下がメールを統幕、陸幕、空幕に送付。新たな探索とは取られず、以前と同じ回答に。
3月10日	陸幕が海外派遣部隊の指揮をする中央即応集団司令部と研究本部教訓課への追加調査について存在しないと回答。
3月17日	南スーダンPKO日報に関する特別防衛監察が開始。
3月27日	特別防衛監察の中で、研究本部教訓課でイラク日報を発見。しかし、調査対象と考えずに報告せず。
3月30日	イラク日報の情報公開請求に対し、教訓課は日報の電子データを行政文書と認識せず、不存在と回答。
7月	文書の管理方法を見直し、統幕で日報を一元的に管理することに改める。
2018年	
1月12日	研究本部が陸幕総務課にイラク日報の存在を報告。
1月26日	衛生部でイラク日報が発見。31日に陸幕総務課に報告。
2月27日	陸幕、統幕に日報の集約をした情報を報告。
3月2日	統幕、陸幕の報告にイラク日報が含まれることを確認し、日報を提出させる。
3月31日	小野寺五典防衛相にイラク日報が発見されたと報告。
4月2日	小野寺防衛相がイラク日報が1月に発見されたと公表。しかし本当に1月に発見されたのかを疑い、調査を行う。
4月4日	小野寺防衛相が昨年3月に発見されていたことを公表。
4月16日	イラク日報を開示。

注：統幕＝統合幕僚監部、陸幕＝陸上幕僚監部、空幕＝航空幕僚監部

教訓課に調査をさせ、三月一〇日に改めて存在しないと回答しました。

その後、存在しないとされていた南スーダンPKOの日報を陸自が持っていたことが三月一五日にスクープされるに至り、一七日から特別防衛監察が行われることになりました。特別防衛監察による再調査の結果、二七日に、以前調べたはずの研究本部教訓課で南スーダンPKO以外の日報の電子データが発見されました。ですが、南スーダンPKOの日報しか探していないと判断して報告しなかったのです。また、同じ日にイラク日報への情報公開請求がなされましたが、コピーは行政文書ではないとの判断から、存在しないとの回答を行いました。

七月に統幕は、海外派遣の日報を集約して一元管理をするために、各部局に調査を指示した結果、二〇一八年一月一二日に研究本部は、「教訓業務各種資料」のファイルから電子データが「発見」されたと陸幕総務課に報告しました（後に衛生部でも発見）。二月二七日、陸幕からすべての日報を取りまとめたリストが統幕に提出された際、統幕の担当者はイラク日報がリストにあることに気づきました。そこでデータの提出を求めた結果、三月二日にイラク日報の存在を統幕も知るところとなったのです。小野寺防衛相に報告されたのは三月三一日です。

大臣の責任

この問題を公文書管理という視点から分析をしてみましょう。

まず、そもそもとして、自衛隊の海外派遣の現地部隊が作成した日報が、行政文書として保管されていないのはおかしいのです。軍事組織において、現場の情報は部隊の運用などの計画を立てる際に必要不可欠なものであり、行政の必要性から見ても残されていなければなりません。

また、日報は現地に派遣されていた自衛隊員がどのような職務を行っていたのかを証明する資料でもあります。私は米国国立公文書館で、第二次大戦時の作戦行動の資料を閲覧したことがありますが、非常に詳細な資料を残していました。これは、兵士やその家族に対する説明責任を果たすためや、兵士の功績調書の資料のために残すという意味もあります。その意味でも、日報が行政文書として残っていなければならないのです。

ただ、ある自衛隊幹部によれば、日報は「現場の一隊員が作り、上司のチェックもまともに受けないまま日々送られてくる。公文書という認識はほとんどない」とのことです（「信濃《しなの》毎日新聞」二〇一八年四月七日、共同通信配信）。現場からの報告が、上司のチェックを受けずに中央に送られているという事実自体が衝撃です。責任者が曖昧な報告に基づいて、自衛隊は作戦行動を考えているというのでしょうか。それで軍事組織として機能しているのか、不安を感じざるをえません。

防衛省の二〇一八年四月二三日の報告によれば、一九九二年のカンボジアＰＫＯへの派遣以降の海外派遣で現地部隊からの報告が残っているのは、イラク以外にはハイチＰＫＯ（二〇一〇―二〇一三年）、南スーダンＰＫＯ（二〇一二―二〇一七年）しかありません（「海外に派遣された自衛隊の活動における現地部隊からの報告文書の集積状況について」http://www.mod.go.jp/j/press/news/2018/04/23b.html）。一―三日分発見されたものはほかに二つ存在しますが、これはたまたま別文書に引用されていたものと思われます。これを見ても、現地部隊の日報がいかに杜撰に扱われていたかがよくわかります。

次に取り上げたいのは、調査の方法の不徹底さです。南スーダン日報がすでに大きな問題となっているときに、野党議員からの調査依頼に対して、現地部隊と連絡を取っていた課しか調査を行いませんでした。しかも、問い合わせてから三時間半後に締め切りを設定しており、徹底的な調査をされたとは考えにくいのです。

また、二〇一七年二月二二日の再度の調査については、稲田防衛相の指示が曖昧です。調査結果に不信があるなら、大臣がイニシアティブを取って、防衛省・自衛隊すべてに調査を命ずる指示を文書で出すべきでした。問題発覚後に稲田氏は、「驚きとともに、怒りを禁じ得ない。上がってきた報告を信じて国会で答弁してきたが、こんなでたらめなことがあってよいのか」とコメントをしています（「朝日新聞」四月五日朝刊）。もちろん、大臣がすべての事案に精通することは不可能ですが、ここまで日報が大きな問題となっていたときに、調査を徹底させなかったのは本人の責任です。結果的に、大臣の疑問を深刻に捉えなかった部下は、調査の範囲を拡大しなかったのですから。

「写し」は行政文書ではない？

研究本部教訓課は、二月に日報を見つけられなかった理由を「電子データを行政文書と認識していなかったので、外付けハードディスクまで調べなかった」としています（「朝日新聞」四月六日朝刊）。この説明は二つの点からおかしいと言えます。

まず、業務である教訓を作るための参考資料として文書を保管していた以上、これは個人資料や私的メモではなく、行政文書以外のなにものでもありません。たとえ原本が別に存在する「写し」だったとしても、行政文書の定義である①職務上作成・取得、②組織的共用、③現在も保存、の三点を満たしている以上、行政文書として扱われるべきです。

次に、この文書が「教訓業務各種資料」という行政文書ファイル管理簿に登載されているファイルから出てきているということです。当然、管理簿に登載されている以上、その中に入っている文書は行政文書です。

よって、この文書を行政文書でないと考えた理由は成立していません。

では、なぜそのような判断をしたのか。現在公開されている情報から推測してみます。

まず考えられるのは、原本を廃棄し、「写し」を個人資料として保管するという慣習が、防衛省・自衛隊には存在するということです。

南スーダン日報も、実際には自由にダウンロードできる状態になっていて、各部署で発見されました。業務に必要なのだから、本来は原本を捨てること自体がおかしいのですが、原本を廃棄し、写しを行政文書としなければ、情報公開請求を受けたときに「不存在」と回答できます。公開して国民への説明責任を果たそうという考え方が薄いために、このような「裏技」が常態化している可能性があります。

次に、行政文書ファイルとして登録されているのが外付けハードディスク本体と考え、中のデータが行政文書として考えられていないという可能性についてです。

今回の文書は「教訓業務各種資料」というファイルから出てきたものですが、このファイル名を「電子政府の総合窓口」（e‐Gov）の管理簿で検索すると一件だけヒットします。これを見ると、文書の起算日は「未定」、保存期間は「特定日以後一年」、保存期間満了日「未定」、媒体の種別「可搬記憶媒体」と書かれています。本来行政文書は、いつ作成・取得され、保存期間が何年で、満了日がいつであるかを明示するものです。それがすべて曖昧な情報とされているのです。

おそらく今回の事例から推測するに、研究本部が必要だと思った行政文書の「写し」を、このファイルに次々とコピーして入れておいたのではないでしょうか。管理簿上にはファイルが一件だけ存在しますが、その内容は膨大な資料の集積の可能性があります。この方法で文書を収集していれば、ハードディスクそのものは行政文書として管理されていますが、内容は行政文書ではないという誤った発想に行き着く可能性があるでしょう。本来は、参考にしている写しを一件一件、きちんと管理簿に登録すべきものではないでしょうか。

今回のイラク日報の事例は、内容を隠すための「隠蔽」を疑われています。しかし、南スーダン日報の問題が深刻化する中で、一〇年以上前のイラク日報を隠蔽するリスクを冒す必要があるとは思えません。この事例は、防衛省・自衛隊の情報公開に対する後ろ向きな姿勢が、日々の公文書管理の杜撰さにつながっていることを表しているように見えます。

日常業務の歪みが、今回のイラク日報問題の原因となった可能性が高く、その意味では事態は深刻です。防衛省・自衛隊の情報公開に対する考え方を根本的に変えていかなければ、同じことが繰り返されるでしょう。

第五章　加計問題に見る公文書公開のあり方

加計問題の再燃

二〇一八年四月一〇日に「朝日新聞」が、愛媛県が作成したとされる文書をスクープしました。その文書には、二〇一五年四月二日に愛媛県と今治《いまばり》市の職員、加計学園幹部が、首相官邸で柳瀬唯夫《ただお》首相秘書官と面会し、柳瀬秘書官が「本件は、首相案件」であると述べ、詳細なアドバイスをしていることが記載されていました。

愛媛県は直ちにこの文書につき調査を行った結果、中村時広知事が、職員が「口頭報告のために作ったメモ」であることを認めました。また、各省庁に説明に行く際に、この文書を置いてきた可能性を否定できないとしました。しかし、あくまでも「備忘録」であって公文書ではないとし、愛媛県には文書が現存しないと説明したのです。

これに対し柳瀬元秘書官は、二〇一七年七月二五日の参議院予算委員会で、この面会自体を記憶にないと主張していたため、このときも同様に記憶にないとの発言を繰り返しました。安倍首相もその発言を信じるとして、柳瀬元秘書官を擁護したのです。

しかし、四月一三日には農水省から同様の文書が公表され、二〇日には文科省で藤原豊地方創生推進室次長からのメールが公表され、愛媛県などの関係者が柳瀬秘書官と会うことが記されていました。五月一〇日の国会での参考人質疑において、柳瀬元秘書官は加計学園の事務局の関係者と会ったことは認めましたが、一〇人近くの大勢でいたから、愛媛県の関係者がいたかはわからないとしていました。また、「首相案件」という言葉は使っておらず、「獣医学部新設の解禁は、総理が早急に検討していくと述べている案件だと紹介した」と話したと説明しました。また、安倍晋三首相への報告もしていないと断言したのです。

これに対し中村知事は、五月一一日の定例記者会見で、柳瀬元秘書官の発言は愛媛県の信頼に関わる問題だとして、（平成）二七年四月二日のゴム印が押してある柳瀬秘書官の名刺をメディアに公開し、面会したのは六名で、愛媛県の担当者が中心から右側に三名座っていたことを明らかにしました。知事は「県の職員は、首相官邸で県の立場を説明するために行っています。子供の使いで行っているわけではありません」と不快感を表明しました。

愛媛県は五月二一日に、参議院予算委員会からの国政調査権に基づいた資料提出依頼に応えて、いくつかの資料を公開しました。この内容は、職員が二〇一五年四月二日に出張したときの旅行命令簿と精算請求書、「復命書のコピー」と、関連する「個人メモ」などが含まれていました。

この「個人メモ」の中に、二〇一五年三月三日、加計学園から「理事長と安倍首相との面談結果等について報告したい」との申し出があって、県と打ち合わせをした記録が残されていたのです。加計学園からは、二月二五日に首相と加計孝太郎理事長が面談し、獣医学部設置を今治市でめざすことなどを説明したところ、首相から「そういう新しい獣医大学の考えはいいね」とコメントされたと説明を受けたとの記述がありました。

安倍首相は、加計学園が獣医学部を新設する計画を知ったのは、国家戦略特区諮問会議で同学園が事業者に決まった二〇一七年一月二〇日のことであると国会で答弁をしていました。愛媛県の文書が正しければ、この答弁は虚偽であることになります。

安倍首相は当該日に加計理事長と会っていないと説明しました。五月二六日に加計学園は、「実際になかった総理と理事長の面会を引き合いに出した」として、学園の事務局長がウソをついたと説明を行いました。

文書記録と口頭での反論

さて、今回の愛媛県の文書と安倍首相や柳瀬元秘書官、加計学園の口頭説明、どちらが信用に足るでしょうか。

愛媛県側は、文書でもって記録を提示しています。一方政府側は、文書を一切出さず、口頭でのみ説明を行い、いわゆる「記憶」によって反論しています。

もちろん、愛媛県が作成した文書である以上、公開された文書は「愛媛県側の真実」でしかないことは確かです。そこにバイアスが掛かる可能性があります。政府側は、愛媛県の文書自体の信憑性《しんぴょうせい》を問うているようですが、それを証明するためには、自分たちも「文書」でもって反論する必要があります。

例えば、二月二五日に加計理事長と会っていないならば、当日の首相官邸の入館記録や、首相のスケジュール表などを公開する必要があります。また、柳瀬元秘書官の発言についても、面会時に作成した「メモ」を出せばよいのです。柳瀬元秘書官は四月二日に単独で会っているわけではなく、ほかに内閣参事官二名が同席していたことが愛媛県の文書からわかっています。官僚が複数人で相手と会うのは、主たる責任者にメモを取る余裕がないので、記録を作るために同席するのです。この三名が誰もメモも取らずに話を聞いていたとは、官僚の習性からしても信じることができません。

しかし、首相官邸の入館記録は一日で廃棄されており、スケジュール表も公開されていません。柳瀬元秘書官も当日の記録を一切提示していないのです。

加計学園にしても、三月三日に愛媛県に説明をしている際に、手ぶらで説明をすることはありえません。普通は説明資料を持参するものです。また、加計学園の組織図を見ると、法人本部事務局は「理事長―副理事長―常務理事」の下に位置づけられており、事務局長は常務理事以上の誰かに、この会合についての結果を説明しているはずです。このときの説明資料（メールなど）はあるはずなのです。こういった文書を公開して説明することが、「信用」してもらうためには必要でしょう。それができない以上、事務局長が、理事長の知らないところで話をでっち上げたという説明は、にわかに信じがたいのです。

愛媛県の公文書管理のおかしさ

ただ、ここで考えておきたいのは、愛媛県の公文書管理のあり方です。

中村知事は、文書を公開しているので一見誠実に見えますが、記者会見のやり取りを見ていると、文書の性質についての説明は疑問が大きいです。

まず、最初に出てきた「首相案件」文書ですが、左上に「報告・伺」と書いてあります。「伺」というのは、上司に報告するための表現です。実際に「報告・伺」の文書は、知事に「口頭説明」をするための文書でした。

次に、五月二一日に公表した「復命書のコピー」です。復命書とは、出張から帰ってきたときに提出する報告書のことであり、当然公文書です。ただ、この復命書は、二〇一七年八月二九日の愛媛県議会で、企画振興部長が「文書の保存年限が経過したため、すでに廃棄済みであります」との答弁を行っており、「存在しない」はずの文書です。

知事は、この二つの文書を「公文書ではない」と断言しています。前者は愛媛県には「存在しない」とし、口頭説明用の書類は公文書ではなく、残っていたとしても情報公開の対象にならないと説明しています（四月一〇日会見）。後者は、「たまたま探して、個人の段ボールかファイルにあった、関連部署のところにコピーがあった」だけであり、情報公開請求に対してこれまで公開してこなかったのは、公文書である原本はすでに廃棄済みだからだとしました（五月二五日会見）。

つまり、これまで愛媛県が公開した文書のほとんどは「公文書ではない」のです。

そこで改めて愛媛県の情報公開条例と文書管理規程を見てみると、中村知事がなぜこれらの文書が公文書でないと言い切れるのかがわかります。

まず、公文書の定義を情報公開条例に見ると、国の情報公開法とほぼ同じであり、①職員が職務上作成・取得、②組織的に用いる、③実施機関が保有している、という三点を満たすものが公文書です。

問題は文書の作成方法を実際に定めている文書管理規程です。作成に関わる条文を探してみると、決裁を受けるために「起案」文書を作ることと、意思決定を伴わずに関係者に回覧する「供覧」文書を作ること以外に、文書の作成に関する記述がありません（二〇、二三条）。また、起案や供覧のための文書は、「文書システム」（文書管理・電子決裁システム）を利用することを原則としています。つまり、政策決定プロセスが公文書として残りにくい仕組みが、そもそもとして存在するようです。

今回公開された口頭説明用の「個人メモ」としている文書は、左上に「報告」との記載があります。「供覧」の表示がないので、その手続きを取っていません。ただ、明らかに文書形式がマニュアル化されており、作成課の名前も書いてあるので、単に「口頭説明」のための個人メモではなく、一定の部局内で回覧されていた可能性が高いように思われます。国の各省庁に持参して配布するために使われているケースもある以上、職員の「備忘録」以上の情報共有がなされているのではないでしょうか。

すると、本来は「供覧」にしていなければおかしいように思われます。ですが、この文書は「文書システム」をおそらく通っていません。「供覧」文書にすれば公文書扱いになるので、情報公開請求をされたくない文書は、「報告」文書という「準公文書」のような別のカテゴリーを作って、公文書にせずに回覧するということが行われているのではないでしょうか。

また、原則「文書システム」を通っていないと公文書にならない仕組みのため、「写し」（コピー）は公文書扱いにならないことが正当化されています。つまり、原本を廃棄して、コピーを手元に残し、情報公開請求の対象外としているのです。

よって、愛媛県の公文書管理は、できる限り公文書になる文書を少なくしているようであり、政策決定プロセスを公開することに消極的であるように見えます。

これまで公開された文書が、関連するすべての文書ではないことは、知事も認めています（五月二一五日会見）。愛媛県の今回の一連の対応は、自分たちが中央省庁に渡した「メモ」が「流出した」ために、自分たちに降りかかる火の粉を振り払うためだけに、必要な文書を公開しているだけではないのでしょうか。

なお、中村知事は今回の問題を受けて、公文書管理条例の制定に乗り出しました。詳しくは次章で述べますが、五月一五日には、概要を提示してパブリックコメントを行い、六月の定例県議会で提出、成立させています。条例自体を作ったことは評価しますが、知事は「中身がそう大きく変わるわけではない」と会見で述べており（四月一一日会見）、条例案へのパブコメではなく、一般論的な概要しか提示されませんでした。公文書管理条例は、県民に対してどのように「知る権利」を保障するのか、どのように公務員の現場に徹底させるかなどが重要であり、制定すればいいというものではありません。現在の文書管理規程が、政策決定プロセスをきちんと残すようなものになっていないことは指摘した通りです。

この拙速さは、公文書管理条例を「条例化」だけを目的として、内容をよいものにすることに関心がなかった小池百合子東京都知事の動きに類似するところがあります（東京都の公文書管理条例の問題点は前書『公文書問題―日本の「闇」の核心』を参照）。そもそも、愛媛県は歴史的公文書を保存する公文書館を持たない九県（二〇一九年八月現在）のうちの一つです。今回の問題を機に、歴史的公文書の保存のあり方も含めた、公文書管理制度全体の見直しをきちんと行うべきです。

なお、上記のような解説をすると、「愛媛県の公文書管理は杜撰であるから、公開された文書が真実か疑わしい、捏造《ねつぞう》されたのでは」と、私の主張を理解する人もいるでしょう。そうではありません。私が主張したいのは、「なぜこのような公文書としか思えない文書が、公文書扱いされていないのか」です。

すでに述べたように、今回公開された文書は「愛媛県側の真実」です。だからこそ、反論する側も文書で自分たちの「真実」を提示すべきなのです。両者が文書を公開した上で、論争をするのが民主主義のあり方です。

あまり考えにくいのですが、政府の側の主張が正しく、愛媛県が文書を捏造している可能性はゼロではありません。ですが、政府の側が文書を出さない以上、愛媛県側の文書のほうが相対的に信頼されざるをえません。文書を残していなければ、政策決定プロセスを歪めているとの批判に反論しきることは不可能なのです。

第六章　愛媛県公文書管理条例の問題点

愛媛県公文書管理条例の制定

前章で述べたように、中村時広愛媛県知事は、公文書管理条例の制定を早急に行うことを表明しました。しかし、現在の管理方法と大きな変更はないと最初から主張していました。

二〇一八年五月一五日には公文書管理条例の概要を示したパブリックコメントを行い、六月の定例県議会で条例案を提出し、七月一一日に可決され、一〇月一日に施行されたのです。

条例は一三条からなり、基本的には公文書管理法の第一条から第一〇条の内容をそのまま持ってきています。第一条の目的は「健全な民主主義の根幹を支える」が削除され、「現在及び将来の国民」が「県民」とやや曖昧にされている点はありますが、基本的には管理法を踏襲しています。

公文書の定義は、愛媛県情報公開条例や管理法と同様で、①職員が職務上作成・取得、②組織的に用いる、③現在も保有、の三点を満たすものとされます。文書の作成は、管理法と同様に「経緯も含めた意思決定に至る過程」「事務及び事業の実績を合理的に跡付け、又は検証」できるように、軽微なものを除いて文書を作成することが義務づけられました。文書の管理方法などについても、管理法をほぼ踏襲しています。

それ以外には、一年に一回の管理状況の公表と研修の充実化が掲げられています。県議会での県の答弁を見ていると、今回の条例化の意義については、この二つが強調されているように思われます。

公文書の定義

まず考えてみたいのは、公文書の定義についてです。公文書の定義は情報公開条例と変わっていないので、内容に変化はありません。文書管理規程も合わせて改正されましたが、公文書の定義の部分に大きな変化はありませんでした。

条例の施行規則である「愛媛県公文書の管理に関する条例ガイドライン」によれば、「組織共用文書」というのは「組織において、業務上必要なものとして利用・保存されている状態のもの」を指しています。決裁・供覧前の文書であっても、組織としての共用文書としての「実質」を備えていれば、組織共用文書とみなされます。業務上必要なものとして配布されたり、共用フォルダで管理されているなどを「総合的に勘案」するとしています。

今回問題となった「上司への説明や報告等に用いるために作成した備忘録等」は、公文書にあたらないことが明記されています。また、「決裁文書の起案前の職員の検討段階の文書等」というものも公文書ではないとされています。県議会の答弁でも、「内容の軽重で判断するのではなく」、あくまでも組織共用文書であるかどうかで公文書か否かを判断するとしており（県議会総務企画委員会、七月五日、井関有貴私学文書課長答弁）、たとえ「備忘録」と称する文書に重要な内容が書かれていたとしても、それは「公文書ではない」という扱いをすることになります。

よって、原則として決裁・供覧文書以外を公文書としないというこれまでの定義は、それほど変わっていないように思われます。

それでは、条例で定められた「経緯も含めた意思決定」などの文書作成義務をどうやって果たすのでしょうか。政策決定過程の文書には、必ずしも決裁や供覧を伴わない文書も数多くあるはずです。

この点についてガイドラインでは、検証が可能となるように、決裁（起案）・供覧文書に必要な情報を「記入又は別紙を作成して添付」する必要があるとしています。また、「正確な判断を行うための情報を記載するということを常に念頭において、記載内容を検討することが必要」とし、整理した情報を記載することが奨励されています。どうやら、県側は、決裁文書や供覧文書に経過がわかる文書を添付すること、その内容は精査したものを残すことが望ましい、と考えているようです。

県の方針は、森友問題で財務省近畿財務局が作成した決裁文書の形式に類似しているように思われます。森友問題の決裁文書は、土地の売却までの経緯をまとめ直した文書が添付されていました。

ただ、この方法で県民への説明責任を果たしたことになるのでしょうか。まとめ直した資料は、歴史学でいうところの「二次資料」にあたります。同時代的に当事者が作成した「一次資料」と比較すると、都合の悪い情報が削除される可能性のある二次資料は価値が下がります。森友問題でも、その添付資料の元となった文書が後に公開され、森友学園などとの生々しいやり取りが明らかになりました。

説明責任とは、後からまとめ直して「綺麗《きれい》に」した文書を残せば果たせるということではなく、経過の中でどのような議論が行われ、どのような決定をしたのかを追える一次資料を残すことによって果たされるものではないでしょうか。

文書の廃棄

県は、文書の管理についても管理法を原則として踏襲していますが、大きく異なる点として、保存期間が満了した文書は原則廃棄されることが挙げられます。国の場合は国立公文書館などの公文書館が存在するため、歴史的に重要な公文書（特定歴史公文書等）を国立公文書館等に移管して、文書を永久に保存し、利用に供しています。

しかし愛媛県は、公文書館が存在しない数少ない県の一つです。そのため、当然ですが、条例に歴史公文書の保存に関する規定が存在しません。文書管理規程には、現用の文書の保存期間に「長期」という永年保存のカテゴリーはありますが、それ以外の年数の文書は原則すべて廃棄処分となります。ガイドラインによれば、「歴史的文化的価値を有する文書」を永年保存する通知が二〇一二年に出ているとして、重要な歴史的文書はきちんと保存されているとしています。

廃棄時には文書主管課（私学文書課）と原課で協議するとしていますが、職員が歴史的に重要でないと考えるから有期の保存期間にするのであって、現役職員とは異なる歴史的な視点から文書の選別を考える専門家（アーキビスト）の意見を聞かない以上、「長期」を選んでいない保存期間の文書が残される可能性は極めて低いと思われます。国では、一〇年保存の文書であっても、国立公文書館等への移管対象となっているケースは多いのです。また、議会での答弁を見ると、財政的な面から、公文書館を置くことについては消極的な回答を行っています（県議会本会議、二〇一八年七月三日、菅豊正総務部長答弁）。

全国の公文書館、公文書館員が加盟する全国歴史資料保存利用機関連絡協議会（全史料協）では、『公文書館機能ガイドブック』という、公文書館の機能に関するマニュアルや、各地の歴史公文書の取り扱いの実例を紹介する冊子をウェブ上に公開しています。例えば、公文書管理条例が制定されている熊本県では、公文書館を置くことができませんでしたが、現用の公文書とは別のカテゴリーとして特定歴史公文書を設定し、知事の下で永久保存し、公開請求のあった際には「時の経過」を考慮して、開示する情報を広げるなど、公文書館機能を行政組織の中に作っています。

少しでも時間をかけて先行事例を調査していれば、この熊本県の事例などは気づけたはずであり、参考になったのではないでしょうか。

本来、公文書管理制度の改革は、日常業務の改革である以上、もっと時間をかけて行うべきものでした。現在の公文書管理の問題点を調査し、どのように改善すれば、説明責任を果たせることになるのかを、有識者や県民に問うべきだったのです。愛媛県の条例制定は拙速であったと改めて感じます。現在の方法では、歴史的に価値のある文書をきちんと選別できるかは心許《こころもと》ないように思われます。

市民社会の力を

上記したこと以外にも、いくつか気になる点はあります。

国には第三者機関である公文書管理委員会が存在し、公文書管理のガイドラインの審議など、管理法の運用に関して意見を提言する機関がありますが、愛媛県には存在せず、置く予定もありません。公文書管理について、県庁外部からの意見を反映させにくい状況となっています。

ガイドラインでは、所属のメールアドレスを使用して県の組織として電子メールを送信する場合は公文書となります。このことは評価できる改革ですが、個人のメールアドレスを使用して送信する場合に公文書とするかはケースバイケースだとしているのです。愛媛県では職員間の事務連絡や対外的に軽易な調整等には、個人のメールアドレスを使用できるとされています。

これでは、公文書としたくないメールは個人メールで送り、公式的なものだけを所属のメールから送るということになりかねません。また、個人メールで業務をすることをそもそも許しているという時点で、セキュリティ対策や個人情報保護の対応などがきちんとできているのか心配です。

ただ、ここまで問題のある状況であるとしても、公文書管理条例ができたことは一歩前進でしょう。条例の文章と現場での管理の実態との乖離《かいり》が今後問題になりそうですが、条例の文章自体を骨抜きにした東京都とは異なり、管理法をベースとしています。

そのため、今後何か問題が起きたときに、条例の文章を盾にして、文書の未作成や廃棄を問題にできるようになったのです。南スーダンＰＫＯ日報問題や森友問題などは、公文書管理法があったからこそ、文書未作成や意図的に短期に廃棄することを問題にできました。

今後、愛媛県の公文書管理をよくしていくためには、県民からの突き上げがなければ難しいでしょう。県は、県民に対する説明責任を今回の制度程度で十分果たせると判断しているのです。

この状況を変えられるのは県民だけです。愛媛県の市民社会の力が問われているのではないでしょうか。

第二部　公文書管理をどうすべきか

第七章　皇室会議の議事録、昭和天皇「独白録」

皇室会議の議事録未作成

二〇一七年一二月一日、天皇の退位の日程について意見を聴取するために皇室会議が開催され、二〇一九年四月末に天皇が退位し、五月一日に皇太子が即位する方針で意見がまとまりました。一二月八日の閣議で「天皇の退位等に関する皇室典範特例法の施行期日を定める政令」が決定され、正式に退位日が決まることになったのです。

皇室会議とは、皇室典範によって設置が定められており、皇族の結婚や摂政の設置など、皇族の皇位継承や身分に関わる問題について審議する機関です。メンバーは、皇族の互選で選ばれた二名と、衆参両院の議長・副議長、内閣総理大臣、宮内庁長官、最高裁長官、同判事一名の計一〇名です。「天皇の退位等に関する皇室典範特例法」の附則の規定に基づき、退位の日程を決める際に、内閣総理大臣は皇室会議の意見を聴取することが義務づけられていたため、今回の会議が開かれたのです。

会議の直後の菅義偉官房長官の記者会見において、皇室会議の議事概要を閣議決定後に公開することが説明され、八日に公開されました。しかし、逐語の議事録は公開されませんでした。立憲民主党出身の赤松広隆衆議院副議長が二〇一八年一二月末に退位するのはどうかとの異論を出したと報じられましたが（「朝日新聞」一二月九日朝刊）、議事概要には一切そのような記載はなく、全員が異論なく賛成をしたかのような内容にまとめられていたのです。

しかも議事概要には、次のような記述が存在しました。

議事の公表については、今回の議案が、天皇陛下の御退位と皇太子殿下の御即位の日に関わる、国民がこぞってお祝いすべき日に関するものであり、誰がどのような意見を述べたかということを明らかにすることは、必ずしも好ましいことではないので、個々の意見や発言者名は記載せず、結論とその考え方を記載した形の議事の概要を作成し、公表することが合意された。

議事概要の公表に止まったのは、皇室会議のメンバーの合意によるとされています。なお、宮内庁によれば、過去の皇室会議の議事録は作成していますが、今回の議事録は会議で作らないとされたので作成していない、と説明しました(「毎日新聞」二〇一七年一二月二一日朝刊)。

その後、「毎日新聞」が皇室会議の議事について「取得、作成、保有している文書および電磁的記録の一切」の開示を請求しましたが、議事に関連する記録は概要以外には開示されなかったそうです。概要を作成した宮内庁秘書課は、「録音データを含め他の行政文書は存在しない。書記役で入室した者はおらず、その時のメモは存在しない」と答えました(「毎日新聞」二〇一八年九月一七日朝刊)。また、概要は「出席者の記憶を基に作成した」とも述べています(「毎日新聞」二〇一八年一〇月三日朝刊)。

三権の長がすべて参加する重要な会議において、概要を「記憶を基に作成した」という説明を信じることができるでしょうか。その場に、内閣総務官で内閣官房皇室典範改正準備室の土生《はぶ》栄二室長と平川薫副室長、宮内庁の西村泰彦次長や野村善史《よしふみ》審議官などの官僚がいたことも明らかになっています（「皇室会議で何が？内幕に迫る」NHK政治マガジン、二〇一七年一二月一四日）。メモを取るのが官僚の習性である以上、誰かがメモを取っていると考えるのが自然ですし、録音も取っている可能性は高いでしょう。また、退位する天皇に対しても、「記憶に基づいた概要」で報告したとでもいうのでしょうか。

結局は、情報公開の対象になる恐れがあるため、メモや録音は「なかった」ことにしないといけないということなのでしょう。

議事録未作成の問題とは

公文書管理法第四条第二号には、作成しなければならない文書として「閣議、関係行政機関の長で構成される会議又は省議（これらに準ずるものを含む。）の決定又は了解及びその経緯」と書かれています。首相や宮内庁長官という行政機関の長が関わっており、また、「決定」「了解」だけではなく「経緯」がわかる文書を作成しなければならないため、当然この皇室会議の議事録は作成されなければなりません。

そもそも、明治以降初の天皇の退位に関する皇室会議であり、現在及び未来の国民に対する説明責任は非常に大きいでしょう。もし、議事録を即公開できないとしても作成しておき、今後再び退位が行われるときに参考資料として活用できるようにするのが、あるべき姿ではないでしょうか。

次に考えたいのは、議事概要だけを公開する姿勢です。理由として「国民がこぞってお祝いすべき日に関するものであり、誰がどのような意見を述べたかということを明らかにすることは、必ずしも好ましいことではない」ことが挙げられていますが、年末や年度末ではなく、四月末というわかりにくい日程になった理由を国民に納得してもらうためには、どのような異論があり、どのような論理で最終的に同意できたのかというプロセスを見せるべきです。

一時間一四分の会議時間である以上、多岐にわたる議論が行われた可能性が十分にあります。異論があったにもかかわらず、「こぞってお祝いすべきだから公開しない」というのは、異論の存在自体を一切認めないという趣旨にもなりかねません。元々「菊タブー」（皇室タブー）と言われるような、公の場で天皇に関する議論が忌避される傾向がある中で、異論そのものを排除していく姿勢は、言論の自由という観点から見てもおかしいのです。議事録を作成しないと決めてしまった皇室会議のメンバーは、説明責任や言論の自由をどのように考えていたのでしょうか。

なお、議事録の非公開は、内容をリークすることで政治的に利用されています。「産経新聞」二〇一七年一二月一六日のコラム「産経抄」は、皇室会議の場で赤松衆院副議長が「皇室の神事は国民生活に何の関係もない」「年末年始の宮中行事は陛下である必要はない」と述べたとし、皇室会議の議員として「不適格者」だと批判を加えています。「産経抄」は産経の論説委員によって書かれています。産経が安倍晋三首相と近い関係にあることは周知の事実である以上、赤松副議長の発言は安倍首相かその近辺からリークされた情報でしょう。

議事録を作成せず、公開しないがゆえに、リークを利用した政敵攻撃に使われています。

会議に出席していたメンバーが多ければ、情報はどこかから洩《も》れるものです。それならば、議事録をきちんと公開して、プロセスを堂々と公開すべきです。結果的に「こぞってお祝い」する雰囲気を、出席者たちが自ら崩していることになるからです。

ちなみに、異論を主張する副議長を「不適格者」と罵倒する産経は、皇室に関して政府の方針に反することを主張してはならないと言っているようなものであり、言論の自由を最も重視しなければならない報道機関の姿勢としていかがなものかと思います。ただし赤松衆院副議長も、皇室会議の場で議事録を作成しないことに同意しているので、その姿勢も批判されるべきでしょう。

後継者問題など、皇室について解決できていない問題が多い中で、今はむしろ天皇や皇室についての議論を積極的に行うべきときにきています。皇室問題だからといって、議論をはばかるような雰囲気を作り上げてはなりません。

昭和天皇「独白録」

皇室と文書管理に関しては、もう一つ興味深いニュースがありました。それは、昭和天皇の「独白録」がオークションに出され、二〇一七年一二月六日に美容外科「高須クリニック」の高須克弥院長が約三〇〇〇万円で落札したことです。

昭和天皇「独白録」とは、アジア・太平洋戦争の敗戦直後に、戦犯裁判対策で作成された文書です。連合国軍最高司令官のマッカーサー元帥は、昭和天皇を占領統治に利用するため、天皇の戦争責任を問わないことを決めていましたが、戦争責任の追及の声は大きく、戦犯裁判の証人としての出廷の可能性も検討されていました。そのため、天皇に責任はなかったとする「弁明書」として、昭和天皇から聞き取りを行った記録が「独白録」です（東野真『昭和天皇　二つの「独白録」』日本放送出版協会、一九九八年）。

この「独白録」は、聞き取りの当事者である寺崎英成《ひでなり》宮内省御用掛《ごようがかり》（天皇の通訳）の遺族が保有していました。寺崎の妻グエンは米国人であり、遺品に紛れていた「独白録」を読むことができず、長らく放置されていたのです。しかし、寺崎の遺品を整理していた孫が歴史研究者に鑑定を依頼したことで、その重要性が明らかとなり、一九九〇年に『文藝春秋』で掲載、後に単行本となって注目を集めました。

原本はそのまま寺崎の遺族が保管していましたが、寺崎の娘マリコが二〇一六年に死去したため、遺品がオークションに出されたようです。それを高須院長が「国の宝を取り返さないといけない」として落札しました。高須院長は、秋篠宮悠仁《ひさひと》親王に読んでほしいので、皇室に「献上」したいと記者に語りました。

ただ、皇室への民間人からの寄贈は、憲法第八条によって国会の議決が必要です。皇室経済法施行法では、天皇や皇太子は年間六〇〇万円まで、秋篠宮は一六〇万円（未成年は三五万円）までは、寄贈を自由に受け取ることができます。金額をオーバーしている以上、高須院長が皇室に「献上」するならば、国会での議決が必要となるのです。

安倍政権下であれば、国会での議決も可能かもしれません。ただし、もし皇室に「独白録」が「献上」された場合、一般には一切公開されない「皇室文書」という扱いになる可能性が十分にあります。

宮内庁の職員が作成する文書は、他の行政機関と異なり、すべてが「行政文書」として扱われるわけではありません。宮内庁は国の行政機関であることは疑いがありませんが、皇室の私的な生活にまで職務が及んでいます。そのため、情報公開法が施行されたときに宮内庁は、皇室にもプライベートな生活があるので、プライベートに関連する文書は、行政機関の職員が作成したものであっても、「皇室の私的な文書」（皇室文書、お手元文書などと言われる）として分け、情報公開の対象から外すことにしました。この定義は、公文書管理法施行後も引き継がれており、「皇室文書」は皇室の許可がない限り閲覧は不可能なのです（拙稿「公文書と『昭和天皇実録』」、古川隆久ほか編『「昭和天皇実録」講義』吉川弘文館、二〇一五年）。

つまり、皇室の手元にある資料ということになれば、その資料へのアクセスは、天皇本人が公開すると決断しない限り、一般に公開されないことになります。高須院長は「編集されている部分もあるだろうし、歴史研究の意味でも原本は日本にあるのが一番」として、原本が研究対象になることも期待されているようです（「産経新聞」二〇一七年一二月七日）。

最終的には、皇室ではなく「宮内庁に寄贈する」という形で、二〇一八年五月二八日に宮内庁は寄贈を受け入れました。原本は宮内庁ウェブサイトの書陵部所蔵資料目録・画像公開システムで「寺崎英成元宮内省御用掛関係文書」として見られるようになっています。

第八章　宮内庁宮内公文書館

皇居の中の文書館

東京メトロ東西線の竹橋《たけばし》駅で降り、お堀に沿って東京国立近代美術館の方向に歩いて行くと、北桔橋《きたはねばし》門に着きます。普段は、無料開放されている皇居東《ひがし》御苑《ぎょえん》の入口の一つであり、外国人観光客の姿をよく見かけます。

この門を入るとすぐ左手に、四階建てのガッチリとした建物が見えてきます。宮内庁書陵部です。

宮内庁書陵部は一九四九年に、図書寮を引き継いで発足した組織です。皇室に伝わる図書、文書などの管理や、実録（天皇や皇族の伝記）などの編纂《へんさん》、歴代天皇などの陵墓の管理や調査を担当しています。古典籍のコレクションは日本随一の内容と規模を誇るといってよいでしょう。書陵部の杉本まゆ子文書研究官によれば、書陵部にしか存在しない古典籍は二万件弱存在するとのことです（「宮内庁書陵部における古典籍資料―保存と公開」『情報の科学と技術』第六五巻第四号、二〇一五年）。

このコレクションは、皇室が長らく自分たちで作成したり集めたりしていたものだけではなく、近代以降に元公家や武家などから献上されたもの、実録編纂のために収集されたものなども含まれています。二〇一〇年の日韓図書協定によって宮内庁から韓国に引き渡された「朝鮮王朝儀軌《ぎき》」（朝鮮王朝時代の行事や作法を図と文章で記したもの）一六七冊は、朝鮮王公族（朝鮮の元王族。日本の皇族に準じる扱いをされた）の実録を作るために、宮内省が朝鮮総督府に依頼して、もたらされたものでした（「朝日新聞」二〇一一年一二月八日朝刊）。

この書陵部には、図書寮文庫と宮内公文書館という二つの文書館が存在します。図書寮文庫は古典籍や個人資料を、宮内公文書館は明治以降の宮内省・宮内府・宮内庁の歴史的に重要な公文書（特定歴史公文書等）を管理しています。これらの文書館は、研究者だけではなく、誰でも利用することが可能です。

この二つの文書館が組織として整備されたのは、二〇一〇年のことです。それまでは、古典籍も公文書も、閲覧は同じ部屋で行われていました。文書館として明確に分かれたのは、公文書管理法の施行を控えていたためです。

公文書管理法では、「行政文書」の定義を、①職務上作成・取得、②組織的に共用、③現在でも保有、という三条件を満たすものとしました。そうすると、研究用に利用している図書や、収集した歴史資料なども対象になってしまうため、取り扱いが面倒なことになってしまいます。例えば、平安時代の巻物にまで、個人情報の有無を確認して墨塗りにするような事態になりかねません。

そのため、例外規定として「政令で定める研究所その他の施設において、政令で定めるところにより、歴史的若《も》しくは文化的な資料又は学術研究用の資料として特別の管理がされているもの」は行政文書から除くという規程が入っています（二条四項三号）。

そこで、図書寮文庫は「政令で定める研究所その他の施設」の適用を受け、古典籍などを管理しているのです。

また公文書管理法では、歴史資料として重要な公文書は、「国立公文書館等」に移管して管理することになりました。宮内庁の歴史的な公文書は、明治期以来、書陵部（前身の図書寮）で保管されてきたのです。そのため、書陵部に宮内公文書館を設立し、国立公文書館等の指定を受けることになりました。

これにより、二つの文書館が書陵部に並立することになったのです。

敷居が高かった書陵部

私が書陵部で資料請求を行い始めたのは、二〇〇六年八月のことです。当時は公文書管理法がなく、行政文書の定義は情報公開法によって行われていました。書陵部の資料は、上記の公文書管理法のときと同じく、「政令で定める研究所その他の施設」としての適用を受けて、情報公開法上の行政文書とは別の取り扱いをされていました。情報公開法の施行令では、「資料の目録が作成され、かつ、当該目録が一般の閲覧に供されていること」が、政令の指定の条件になっていました。そのため、本来は資料の目録を公開しなければならないはずでした。

しかし、目録のウェブ上への公開は二〇〇六年三月までずれ込んだのです（公文書のみ。古典籍の目録のウェブ公開は二〇一三年一一月）。紙の目録自体は書陵部に存在していたはずですが、それを電子化するのに、情報公開法施行から五年の月日がかかったのは、資料の多さも原因としてはあるでしょうが、あまり資料公開に積極的でなかったからかもしれません。

目録が公開されていることに気づいてから、徐々に私は資料請求を行うようになりました。ただ、請求してから利用決定がされるまでの期間が非常に長かったのです。短くても三カ月、長いと半年を超えるのが当たり前でした。当時は、何日以内に宮内庁が公開の手続きを行わなければならないというルールは存在していなかったのです。

公開の方法にも限界がありました。個人情報など、開示できない部分があると、そのページが袋がけ（紙の封筒を該当するページにかけて見られなくする）にされてしまいます。ほんの数文字の個人情報などがあるだけで、そのページの表裏のすべてのページが見られなくなる。特に私は天皇の行幸（旅行）に関する簿冊を請求していたので、警衛記録などが公安情報として袋がけにされるのは非常に困りました。また当時、不服申立制度はなかったので、不開示部分に対して異議の申し立てをすることはできず、決定に従うしかなかったのです。

また、ほかにもストレスのたまることは多くありました。まず、複写が簡単にはできませんでした。一点物の資料なので、当然コピー機で複写できないのは理解していましたが（押しつけてコピーすると、原本を損傷する可能性がある）、デジタルカメラでの撮影も認められていませんでした。複写をするには、マイクロフィルムで撮影した上で紙焼きコピーをする手続きが必要で、一枚複写を取るのに百円単位で費用がかかりました。また、「撮影の順番待ち」と言われ、複写だけで三カ月待ちは当たり前でした。古典籍を利用する人たちが、「複写に最短で三カ月待ち」と聞かされて絶句している姿を当時よく見かけました。

さらに、ノートパソコンの電源を貸してもらえませんでした。そのためバッテリーだけで対応しなければならなかったのですが、今ほどバッテリーの保《も》ちがよい時代ではなかったので容易ではありません。よって、手書きでノートにひたすら資料を写したのです。

ただ、閲覧できる資料の内容の豊富さには圧倒されました。これほどまでに整然と文書が残っているものなのかと感心することが多かったのです。宮内庁は先例を重視するため、後から編纂を行って資料をまとめ直しており、職員が参照しやすい形で文書が保存されていました。

公文書管理法の意義

この利用が不便な状況は、公文書管理法の成立によって大きな変化を遂げました。

先述したように、図書寮文庫と宮内公文書館が誕生し、資料の取り扱いが二つに分かれました。そして、宮内公文書館は、公文書管理法の国立公文書館等にあたる施設になったため、「特定歴史公文書等の保存、利用及び廃棄に関するガイドライン」に基づいて、公開ルールも定められることになったのです。

まず、請求してから利用決定までが、原則三〇日で行われるようになりました。文書量が多い場合は、プラス三〇日ないしはそれ以上の延長が可能ではありますが、宮内公文書館では、毎年九割以上が三〇日以内に利用決定がなされています。

さらに、不開示の基準が大幅に緩和されました。個人情報や公安情報などの不開示情報であっても、「作成又は取得されてからの時の経過を考慮」（公文書管理法一六条二項）し、開示しても問題のない情報は開示することとなったのです。これによって、これまで見られなかった行幸の警衛記録のほとんどが開示されました。

不開示箇所がある場合は、従来通り袋がけがされていますが、該当ページを宮内庁がデジタルカメラで撮影し、そのデータにマスキング（黒塗り）をかけて印刷したものを閲覧できるようになりました。以前のような、一箇所でも不開示箇所があればそのページ全体が見られない、ということはなくなったのです。

マスキングされたコピーは、最初はモノクロ印刷でしたが、最近ではカラー印刷になり、より見やすくなっています。不開示箇所がある文書は、上記の作業があるために、資料を見るまでには、開示決定後一カ月から二カ月の期間がかかっています（文書量による）。一方、不開示箇所がなければ、時間を経ずに閲覧することが可能です。

資料のデジタルカメラ撮影もできるようになりました。このため、必要な箇所はデジタルカメラで撮影し、後で研究室に戻ってからじっくり見ることが可能になり、作業時間の短縮につながりました。ノートパソコンの電源も借りられるようになりました。

公文書管理法は、宮内庁の所有する歴史的な公文書資料へのアクセスを劇的に変える役割を果たしたのです。私にとっては、本当に成立してよかったと心から思えるものでした。

実際に宮内公文書館の利用者は増加しています。公文書管理法施行年の二〇一一年度の利用件数は二七二四件、閲覧者は三六六人でしたが、二〇一七年度には一万二一五一件、一〇二六人にまで増加しています（内閣府大臣官房公文書管理課「公文書等の管理等の状況について」）。

特に「簡便な方法による利用」の件数が激増しています。宮内公文書館では、誰かが一度閲覧した資料については、利用審査が終わっている資料とみなされ、その後は宮内公文書館に行けば当日中に、誰でもすぐに見ることができます。

私は今でも時折宮内公文書館を利用しますが、必ず複数人が閲覧室にいるように感じます。戦前に宮内省が建築した建物の設計図を見ている人、西洋音楽導入に関わった宮内省楽部の資料を見ている人など、そのような資料があるのかと思うような文書を見ている方がおられます。資料を見る人が多ければ、必然的に「簡便な方法による利用」が可能な資料も増えていくことになります。その結果、閲覧者数はどんどんと増えていくのです。最近では、図書寮文庫資料を中心としたデジタル画像のアップロードが行われており、ウェブ上でもさまざまな資料を見ることができるようになっています。

私が書陵部で資料を見始めたときには、一日中閲覧室にいても、公文書資料を見ている人は私以外いないときもありましたので、隔世の感があります。

宮内公文書館には、まだまださまざまな資料が眠っています。例えば、地方史に興味がある方は、天皇の行幸に関する資料（幸啓録）を見てみるとよいでしょう。訪問先の詳細なデータや、当日の説明資料などが簿冊に綴《と》じられています。当時の地方の状況を見るのに適した資料です。

私は地方に講演に行くときには、よくこの話をしますので、「見に行きましたよ！」との報告を受けることもあります。興味がある方は利用してみてはいかがでしょうか。

第九章　行政文書の管理に関するガイドライン改正

ガイドラインの改正

前書『公文書問題』の第一八章で、森友、加計問題などの解決策として、内閣官房が二〇一七年九月に「行政文書の管理において採るべき方策について」をまとめ、公文書管理法の運用規則である「行政文書の管理に関するガイドライン」の改正を求めたことを述べました。このガイドラインの改正案が、一一月八日に公文書管理委員会に示され、一二月二〇日の委員会で了承され、一二月二六日に内閣総理大臣決定がなされました。

改正の主な内容は次の通りです。

①政策立案や事務・事業の実施の方針に影響を及ぼす打ち合わせ（内部、外部を問わず）の記録を文書で作成する。文書の正確性を期するため、原則として複数の職員による確認を経た上で、文書管理者（課長級）が確認する。外部との打ち合わせ記録は相手方の確認を取り、取れない場合はその旨を判別できるように記載する。

②意思決定過程や事務・事業の実績の合理的な跡付けや検証に必要な文書は、一年以上の保存期間を定める。保存期間を一年未満とできる文書は、別に原本が存在するコピーや出版物を編集した文書、明白な誤りのある文書などに限られる。

③電子文書の共有フォルダへの保存方法を図式化してわかりやすくし（階層構造にする）、電子メールや検討中の文書についても、意思決定過程などの跡付けに必要なものであれば共有フォルダに入れる。

④各行政機関の総括文書管理者（官房長）は、各職員が毎年度一回研修を受けられる環境を提供しなければならない。

⑤歴史的に重要な公文書等の、国立公文書館等への移管の基準を具体的に記述する。

文書の正確性

①の打ち合わせ記録の作成は、森友、加計問題において、文書が出てこなかったことへの対策にあたります。本来、公文書管理法第四条にあるように、政策決定過程がわかる文書は作られなければなりません。そのため、打ち合わせ記録の作成を明記することで、この文書を作らなければならなくなったのです。この部分は前進ですが、前書で述べたように「文書の正確性」の記述には大きな問題点があります。

まず、打ち合わせの文書を作成する際に、それを「行政文書」とみなすかどうかは、文書管理者である課長級の判断によることになります（さらに上司の指示があった場合は、その上司の確認も必要）。これまでのガイドラインでは、原則として行政文書であるか否かは上司の判断は必要がなく、行政文書の定義を満たす文書（職務上作成・取得、組織的に共用、現在も保管）が自動的に行政文書になる仕組みでした。しかし、課長級が確認する仕組みに変えると、「確認していない」文書は行政文書とみなさない可能性が高く、それ以外の文書は個人の私有文書として扱われる可能性が高まります。

この改正案は、加計問題で文部科学省から流出したような文書を「怪文書」にするためのものです。課長級が認めていない文書は、あくまでも「個人が勝手に作った文書」ということにし、情報公開請求の対象にせず、流出したとしても「課長級が認めていないので内容が正確ではない」と言えるようにしたいのでしょう。情報公開クリアリングハウスの三木由希子理事長は、「行政文書の定義や解釈を変えず、手順によって行政文書の範囲を制限するという効果を持つ可能性」があると指摘しています（「メール版　情報公開DIGEST」第三〇号、二〇一七年一一月一六日）。つまり、行政文書の定義である「組織的に共用」しているか否かを「文書管理者が確認する」という手順で認定することで、実質的に行政文書として認められる文書の範囲を狭めるということです。

次に、外部との打ち合わせ記録の正確性を担保するために、相手方にも確認をするように求めています。確かに相互に同意した内容について、共通の文書を作成することは悪いことではありません。しかし、ここでは「双方が同意した以外のことは書かない」というインセンティブが働く可能性が高いでしょう。

「外部」は決して官僚だけではありません。政治家、研究者、民間企業の社員、業界団体の関係者、ＮＰＯ職員なども含まれます。例えば、政治家が何らかの口利きを求めてきたときに、正確な記録を作るために、「〇〇の高速道路を整備してほしいと議員は言った」と書いて、それを当人に確認を求めるのでしょうか。常識的に考えてありえません。

しかも、課長級の上司に確認して、外部にも確認して、という時間とコストをかけてまで文書を作る場合、誰も修正しなくて済むような文書を作るのではないでしょうか。修正が入れば、それだけ時間を取られることになります。

よって、「綺麗な」当たり障りのない内容だけが残った打ち合わせ記録が作られる可能性が高いのです。「明白な誤り等の客観的な正確性の観点から利用に適さなくなった文書」は一年未満で捨てることが可能となっているため、外部からの修正要求が書かれた文書も、人知れず捨てられて残らないので、「綺麗になる過程」も残りません。

少なくとも加計問題における内閣府側の「圧力」は、内閣府側が「正確ではない」と言い張るに決まっているわけで、その「圧力」の形跡は打ち合わせ記録には決して残ることはないでしょう。

「文書の正確性」はあくまでも当事者にとっての「正確性」でかまわないはずです。わざわざウソの文書を作って仕事をする人がいることは考えにくい。「自分たちはこのように考えて仕事を行った」という「正確性」があれば十分です。解釈に違いがあれば、双方の文書を公開して検証すればいいだけです。

抜け道を探る行政機関

しかしというか、やはりというべきか、各省で相次いで問題のある事例が発覚しています。

総務省の「町村議会のあり方に関する研究会」で、テープ起こしをした議事録があったにもかかわらず、情報公開請求に対して「不存在」として公開を拒んだケースがありました。

総務省は「上司の確認を経た議事録ではない」「業者に委託して作ったが、職員個人の『備忘メモ』なので公文書ではない」と述べ、自己の主張の正当化を図りました（「毎日新

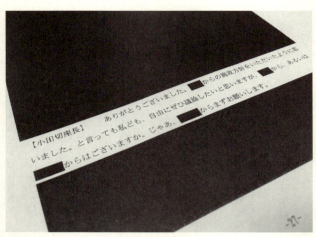

2018年９月28日に総務省が開示した議事録
写真提供／毎日新聞社

聞」二〇一八年七月二二日朝刊）。「上司の確認」という言葉に見てとれるように、ガイドライン改正により、文書の「正確性」を期するために、文書管理者が認めないものは行政文書にしないことが可能になっているのです。

この総務省の答えは、ガイドラインに沿って行われており、野田聖子総務相も総務省の見解を問題ないとしました（「毎日新聞」二〇一八年七月二五日朝刊）。公金を使い、複数人で議事録を見ているにもかかわらず、彼らからすれば「規則通り」の対応であり、行政文書でないことを正当だとみなしているのです。

　その後「毎日新聞」が、担当部局から研究会メンバーに議事録をメールで送っていた情報を摑《つか》んで情報公開請求をかけたところ、総務省はさすがに行政文書であることを否定できなくなり、九月二八日に観念して開示しました。しかし、ほとんどの発言箇所を墨塗りして、内容は開示文書からはわからなくされていたようです（「毎日新聞」二〇一八年一〇月二九日朝刊）。

　経済産業省では、公文書管理を担当する情報システム厚生課が、二〇一八年三月二七日に開催された筆頭課長補佐級職員約二〇人が出席する政策企画委員会において、ガイドライン改正の説明文書として作られた「公文書管理について」の中で、「議事録のように個別の発言まで記録する必要はない」との指示を行ったことが、「毎日新聞」の報道で明らかになりました。この記事によれば、ある経産省職員は、別の会議においても、「メモを取らないように」と前置きがあった上で「誰が何と言ったか分からないように、議事録は残してはいけない」と指示されたとのことです。また、官房副長官以上のレクチャーで議事録を作成しないという指示も出ているとのことであり、意図的に政治家との議事録も作らないようにとの指示が出ているようです（「毎日新聞」二〇一八年八月三〇日朝刊）。

しかも、この「公文書管理について」という文書は即日廃棄扱いになっていたそうです。報道当日に経産省が公開した文書では一二月三一日まで保存となっており、「毎日新聞」が入手したのは途中過程の文書だと説明しましたが、いずれにしろ保存期間を「一年未満」として廃棄しようとしていたことは疑いありません（「毎日新聞」二〇一八年八月三一日朝刊）。

なお、この「毎日新聞」の報道によれば、環境省では、最近表紙に「私的メモ」と書かれた文書が増え、会議で配布されている文書ですら個人文書扱いにして、行政文書にしていない事例も発生しているとのことです（「毎日新聞」二〇一八年八月三〇日朝刊）。

防衛省では、作成が義務づけられた打ち合わせ記録の対象を、「通達等に基づき設置されている本省内部部局・防衛装備庁の課長級以上の会議」とマニュアルに記載しました。ガイドライン改正の趣旨は、職位や人数にかかわらず、内容で判断して記録する必要があるということです。防衛省文書課は「記録が必要な例として示したに過ぎず、限定する意図はない」と「毎日新聞」に説明しましたが、ある関係者は「上層部の会議に限定されていると受け止めた」と証言をしています。また、幹部研修で事実上の指示として同様のことが伝えられているとのことです（「毎日新聞」二〇一八年一一月六日朝刊）。

これらは、公文書管理問題に精通している毎日新聞社会部の報道の成果です。ですが、おそらく氷山の一角ではないかと思われます。ルールを改正しても、魂が入っていなければ、抜け道を探る動きを止めることはできません。

一年未満の保存期間

②は、森友や南スーダンＰＫＯ日報問題において議論となった点です。森友学園との国有地売却の交渉記録が一年未満で廃棄されて存在せず、八億円の割引は会計検査院からも問題視されました。日報問題でも、現地部隊の日報は、派遣部隊を指揮する中央即応集団の司令官に報告された後に、目的を終えたとして一年未満で廃棄されたと当初説明がなされていました（「衆議院議員逢坂誠二君提出公文書であるＰＫＯ活動の日々報告の管理状況に関する質問に対する答弁書」二〇一七年二月二一日）。

保存期間一年未満の文書は、他の文書と異なり、行政文書ファイル管理簿へ登載する必要がなく、外部のチェックを一切受けずに廃棄することができます。ガイドラインでは、歴史公文書等（国立公文書館等に移管すべき文書）は一年以上の保存期間にしなければならないと書かれていましたが、財務省などではこれを裏読みして、「歴史公文書等以外の文書は一年未満でよい」という公文書管理法の趣旨から逸脱した解釈をして文書廃棄を正当化していました。

今回の改正案では、保存期間を一年未満にできる文書の類型を七つ挙げ、それ以外の文書を一年未満にする場合は、どのような業務の文書を廃棄したのかを記録し、速やかに公表する義務が課せられました。七つの類型は、原本があるもののコピーや定型的な業務連絡・日程表、他省庁への事実関係の問い合わせの応答などが含まれます。少なくとも、一定の歯止めはできたと言えます。

しかし、この点においても、実際にはまだ抜け道があることが次々と明らかになってきています。「毎日新聞」は、首相と省庁幹部らの面談で使われた説明資料や議事録などの記録約一年分を首相官邸に情報公開請求したところ、すべて「不存在」と回答され、保存期間を一年未満に設定していることがわかりました。取材に対し内閣総務官室は、「官邸側が受け取った資料はコピーに過ぎず、原本は省庁にある」と説明し、一年未満で廃棄することを正当化しました。

さらに、「毎日新聞」が全一二府省に面談記録を請求したところ、説明資料があるケースはあったが、議事録は一切なかったとのことです。首相と会うときにはメモを取ってはいけないとの慣習があるとのことです（「毎日新聞」二〇一九年四月一四日朝刊）。その後の追加取材で、議事概要などの打ち合わせ記録は一切作っていないことが判明し（「毎日新聞」二〇一九年六月三日朝刊）、菅義偉官房長官も六月三日の記者会見でその事実を認めました。

また、この改正案が出された当時から、情報公開クリアリングハウスの三木由希子理事長は、「日程表」の保存期間が一年未満にできることに対して強い批判を加えていました。その後三木理事長が、全一二府省の大臣の過去約二年分の日程表を情報公開請求したところ、一一府省で「不存在」（防衛省は決定を延長しているので不明）とされました。「毎日新聞」の調査では、どの府省も日程表の保存期間は一年未満に設定しており、内閣府など七府省は「即日廃棄」「日々、廃棄」とし、国交省と農水省は毎日上書きしているとしています（「毎日新聞」二〇一九年四月二五日朝刊）。

五月九日に行われた野党合同ヒアリングにおいて、各府省はこのガイドライン改正によって、「日程表」の廃棄を正当化していることがわかりました（「毎日新聞」二〇一九年五月一〇日朝刊）。情報公開クリアリングハウスでは、二〇一九年五月七日から毎日大臣の日程表を情報公開請求しており、市民からの寄付を求めています。三木理事長は「私たちが誰でも使える手段で、廃棄が止められるならまずはそれをすべき。廃棄を止めた上で、日程表をどのように管理すべきか、議論をすべきと考えています」と述べています（「情報公開請求で大臣の日程表の廃棄を止めるためにご支援ください！」https://clearing-house.org/?page_id=2997）。

制度は守られるのか

③では、行政文書を保存する共有フォルダの作成方法について明確にされています。ただし、共有ファイルにするかは「文書管理者による確認」の上と書かれているため、やは

り、行政文書にするか否かを文書管理者が判断するという考え方に基づいて制度設計がされています。

⑤については、国立公文書館等へ重要な歴史文書の移管が進まないため、細かい具体例を書きこむことで、移管を推進することをめざしています。この基準で移管件数が増えるのかどうかを注視する必要があるでしょう。

公文書管理制度が守られるかは、結局は現場がそのルールに基づいて仕事をするかどうかにかかっています。そのため、④の研修制度の充実化は必要不可欠です。しかしこれまで内閣府は、研修方法を各行政機関に事実上丸投げしていました。二〇一七年度に研修を受けている職員は約六四・五万人もいますが、外部の国立公文書館などでの研修を受けている人は約一万人に過ぎず、その多くが総務省のオンライン研修です（「平成二九年度における公文書等の管理等の状況についての報告」）。果たしてどこまで研修の効果が出ているのかは心許ないように思われます。

内閣府ではｅラーニングシステムを開発して、それを各行政機関の職員に利用させるとのことです（公文書管理委員会二〇一八年七月一三日の資料に、システムの紹介がある）。公文書管理法が守られるためには、統一の文書管理ルールが徹底される必要があります。研修の司令塔として、内閣府公文書管理課や国立公文書館による研修の拡充が求められます。

しかし、一年未満文書の扱いから見えるように、制度を変えても、官僚や政治家の意識が変わらないと、結果的には抜け道を見つけて、政策決定過程を残さないようになります。

三木理事長は、首相や大臣の地位は「政治家個人に預けられているのであって、個人のものではないということだ。その地位において何をしたのかは、地位を私物化されないためにも記録に残されていなければならない。そして時間をかけても検証され、時の政権や政治家が評価されるべきだろう」と述べています（「政治レベルの活動を公文書で検証できない」『時の法令』二〇七五号、二〇一九年六月一五日）。まったく同感です。

今後も、この改正がどのような結果を導いたのか、検証が必要でしょう。

第一〇章　電子メールは行政文書か

公文書クライシス

公文書管理問題の報道に定評のある「毎日新聞」が、「公文書クライシス」と題した特集記事を二〇一八年一月から始めました。その最初に取り上げられているのが、「電子メール」は行政文書として保存されるべきなのかという問題です。

森友学園への国有地売却に関する電子メールを、担当省庁の財務省、国土交通省の本省と、出先機関である財務省近畿財務局と国交省大阪航空局に情報公開請求をしたところ、「不存在」「保有が確認できない」として一通も開示されませんでした。記者が追及したところ、あったものを廃棄したのか、メールをまったく使わなかったのかについても明らかにせず、担当者への面談取材すらも拒否したといいます（「毎日新聞」二〇一八年一月二一日）。

なお、民進党が入手した森友学園の内部資料には、近畿財務局の職員が学園側とやり取りをしたメールが含まれていました。そこで、このメールをピンポイントで請求したが、これも不存在と回答されたといいます。現在の電子メールの使われる頻度を一般的に考えても、メールのやり取りが一切なかったとは思えないので、文書の保存期間を一年未満として廃棄したのでしょう。

なお、大阪府私学課に土地売却に関する全メールを請求したところ、五つあるメールのうちの三つが開示されました（二つは捜査機関に提出しているためとして不開示）。大阪府は情報公開条例に、一対多数のメール及び一対一のメールで共有フォルダに保管されているものなどを、情報公開請求の対象としています。二〇〇八年に橋下徹《はしもととおる》氏が大阪府知事に就任した直後から、職員への指示に電子メールを多用したことで、情報公開請求がそのメールに集中しました。そこで、電子メールをどこまで情報公開請求の対象とするのかを明確にしたのです（「毎日新聞」二〇一八年一月一五日）。

財務省は二〇一七年五月の参議院財政金融委員会で、メールを六〇日で自動廃棄していると説明していましたが、その後も続けており、麻生太郎財務相はそれをやめる考えはないとの答弁を行いました（衆議院予算委員会、二〇一八年二月七日）。また、国土交通省は二〇一八年二月からメールを一年で自動廃棄することに決めましたが（「毎日新聞」二〇一八年一月一六日）、この報道を受けて自動削除は当面見送ったようです（「毎日新聞」二〇一八年二月三日）。なお、ほかには検察庁は二カ月、国税庁は六八日、厚生労働省は開封済みのメールを六カ月、防衛省は一部の公用携帯電話において暗号化された通信を利用したメールは三〇日、暗号化されていない通信を利用したメールは九〇日で、それぞれ自動でサーバーから削除されていることがわかりました（「衆議院議員城井崇《きいたかし》君提出公用電子メールの廃棄に関する質問に対する答弁書」二〇一八年二月二日）。このように、次々と電子メールの管理のあり方が明るみに出たのです。

公文書管理法での電子メール管理

では、そもそも公文書管理法上は、電子メールの管理はどのように位置づけられているのでしょうか。

まず、「行政文書」の定義の中に「電磁的記録」は含まれているので、紙に印刷されていなくても、「文書」として認識されます。よって、紙の文書と定義は同じため、①当該機関の職員が作成・取得、②組織的に共有、③当該機関に保有、の三点を満たすものが行政文書となります。

公文書管理法の運用基準である「行政文書の管理に関するガイドライン」には、「意思決定過程や事務及び事業の実績の合理的な跡付けや検証に必要となる行政文書に該当する電子メールについては、保存責任者を明確にする観点から、原則として作成者又は第一取得者が速やかに共有フォルダ等に移すものとする」とし、共有フォルダに保存するか、紙に印刷してファイルに綴じることなどが推奨されています。

しかし、これはなかなかハードルが高い基準だと思われます。そもそも、自分自身の日常のメール管理方法に置き換えて考えてみても、メールソフトにあるメールを、部局の共有フォルダに移すという作業は、非常に手間がかかるし、仕事の負担も大きい。このようなルールがあったとしても、重要なメールを分類するのが現場の裁量である以上、わざわざ行政文書として共有フォルダにアップロードして保存しようというインセンティブは働かないでしょう。むしろ、「共有フォルダに入れなければ行政文書にならない」として、電子メールの廃棄を正当化しかねません。

ですが、政策の決定過程を検証するためには、電子メールでどのようなやり取りをしていたかが残らなければ、実態がわからない状況になってしまいます。森友や加計問題は、どのようなやり取りを官僚や関係者がしていたのかが問われたわけですが、電子メールは行政文書から外される、もしくは廃棄されるという形で公開されませんでした。加計問題では、文科省の複数の職員に送られ、共有フォルダから見つかったメールがありましたが、政府は行政文書だと認めませんでした（「毎日新聞」二〇一七年九月七日）。このため、政策決定過程の検証が困難になっていたのです。

電子情報のルール化

全国市民オンブズマン連絡会議は、二〇一七年、メールやパソコン内文書の公文書性についてのアンケートを、一四省庁、四七都道府県、二〇政令市、四八中核市に対して行いました（「電子情報と情報公開アンケート調査」二〇一七年八月二七日版、https://www.ombudsman.jp/taikai/mail2017.pdf）。

連絡会議の問題意識は、現在の情報公開制度や公文書管理法には、文書を「行政文書」とするかどうかの判断に、省庁の恣意を持ち込める「甘さ」があると考えている点にあります。例えば、特定の職員が特定の職員に一対一で送った電子メールは「組織的に用いる」文書とするのかどうかは、さまざまな価値判断が入り込む余地があるとします。個人同士のやり取りである以上、「私的メモ」とみなすこともできます。ですが、実際には担当者同士のメールで政策の中核が決まっていることは往々にしてあります。これを行政文書とみなさないのは、政策決定過程がわかるように文書を残すべきという公文書管理法の趣旨に反することになるのです。

そこで連絡会議は、電子メールを公文書として扱っているかを、職員が一対多数に送ったメール、一対一メールで共有サーバーにある／なし、などの分類をして、アンケートを採りました。その結果、一対多数に送っているメールは、三分の一強の四二の地方公共団体で「公文書にあたる」と回答しました。また、一対一メールで共有サーバーにあるものを公文書とした地方公共団体は約四割を数え、共有サーバーにないメールは、当事者以外がプリントアウトして保有しているものを公文書とした地方公共団体は三五ありましたが、当事者のみが持っている場合は、ほとんどの地方公共団体が公文書と認めませんでした。

この結果から、共有サーバーに保管されていることを、公文書として扱う指標としていることがわかります。結局、行政側が公文書にするかは、情報が当事者以外に拡散されたかどうかが一つの判断基準となっているのです。

一方、連絡会議によれば、国の省庁は形式的に「公文書管理法に基づき適切に対応している」という回答に終始して、事実上の回答拒否の態度だったようです。また、多くの地方公共団体が、電子メールの扱いについて検討中であり、どのように扱うべきかを模索しているようです。

「恣意」を排するには

連絡会議は、結論として、公的なアドレスを用いて発信されたメールはすべて組織共用文書とすべきだと主張しています。

なお、この一連の「毎日新聞」の報道などを受けて、政府も電子メールの保存問題に取り組むことになりました。二〇一九年三月二五日には「行政文書の電子的管理についての基本的な方針」が定められ、電子メールを自動的にサーバーから削除するシステムは、選別・保存に係る作業を遂行する上で支障をきたす恐れがあるとして、今後は採用しないことになりました。しかし、現在自動削除を行っている省庁にやめさせることはしないようです。

ただ、重要な電子メール（例えば協議先の行政機関からの意見等が表明されたものなど）を行政文書として保存するためには、これまでと同様に手作業で共有フォルダに入れる方法を採らざるをえないようです（内閣府の公文書管理課が作った試案である「電子メールの選別・保存を支援する仕組み」二〇一九年一月三〇日、を参照。https://www8.cao.go.jp/koubuniinkai/iinkaisai/2018/20190130/shiryou2-1.pdf）。これは、現場に負担を強いる方法であり、職員の恣意性が働く以上、保存するインセンティブが現状では働かないでしょう。また、公用メールを保存、公開することをルール化したら、私用メールを使う頻度が上がるだけだと、記者に答えている官僚もいます（「毎日新聞」二〇一八年一月一五日朝刊）。

情報公開クリアリングハウスの三木由希子理事長は、「日本の行政文書管理に関する議論が原則を徹底することが行政組織の信頼に不可欠であること、そのためには個人の意識改革や個人の理解だけではなく、それを徹底できる手段・手法が業務環境の中にあるべきであること、という基本的なことが欠落したものが繰り広げられているので、まったく前向きに話が進まず、行政不信をまき散らす結果になっているということなのではないだろうか」と述べています（理事長ブログ、二〇一八年一月一五日、https://clearing-house.org/?p=2328）。

私も同感です。

なお、米国では二〇一三年以降、国立公文書記録管理局（NARA）が開発した「キャップストーン・アプローチ」と呼ばれる手法の導入が各省庁で進んでいます。職位の高い職員（キャップストーン＝冠石）のメールは自動的に永久保存され、規則に従ってNARAへと移管されます。

NARAの担当職員によれば、自動的に保存する意味は、「これは〈記録〉か？」「どのように保存するのか？」という意思決定から個々の職員を解放することを意図しているとのことです。歴史的な価値があるかどうかをいちいち判断せず、開示方法は後から考えるそうです。例えば、国務省本省では七八一アカウント、中央情報局（CIA）では四二六アカウントが永久保存の対象となっています。

また、キャップストーンにあたらない職員のメールは原則七年間保存されます。七年間であるのは、政府に対する請求の法制上の時効（通常六年以下）に合致し、政府が加害者となった場合の原告の権利を証明するためといったようなことなどが理由としてあります。米国ではこういった訴訟対応まで考えて、電子メールの保存を計画しているのです（朝日新聞加計学園問題取材班『解剖　加計学園問題──〈政〉の変質を問う』岩波書店、二〇一八年、一四一―一四六頁）。

そして、連邦政府の職員が私用アカウントを仕事に使ったときは、二〇日以内に公用アカウントに転送しなければなりません。ヒラリー・クリントン氏が国務長官時代に私用メールアカウントを使っていたことが問題となり、二〇一六年の大統領選挙の敗北の一因になったことも記憶に新しいところです（「毎日新聞」二〇一八年一月一八日朝刊、七月二六日朝刊）。米国では、メールも公文書であるとの考え方が定着していると言えるでしょう。

日本でも、システムに則《のっと》って強制的に電子メールが残るシステムを導入する必要があるのではないでしょうか。そうすれば、政策決定過程はかなり見えやすくなると思われます。

代わりに電話や別の電子媒体（ＬＩＮＥなど）での連絡方法が増える可能性がありますが、今のところメールを避けて仕事をすることはできないでしょう。

現在のガイドラインでは、電子メールの多くは行政文書として扱われないと思われます。別の不祥事が起きたときに、また、証拠を出すか出さないかという不毛な議論が続くことになります。事実を明らかにして、そこから議論することこそが民主主義であるという原則に立ち返る必要があります。

第一一章　政府の公文書管理適正化の取り組みをどう考えるか

政府の「改革」への取り組み

二〇一七年から、陸上自衛隊の南スーダンやイラクへの派遣部隊の日報の隠蔽や、森友学園問題での財務省の決裁文書改竄など、公文書管理をめぐる不祥事が跡を絶ちません。そこで政府は、二〇一八年七月二〇日、「行政文書の管理の在り方等に関する閣僚会議」を開き、「公文書管理の適正の確保のための取組について」を決定しました。具体的な内容は以下の通りです。

①内閣府の独立公文書管理監（以下「管理監」）を局長級に格上げして、行政文書の管理状況を常時監視する機能を付与し、その下に公文書監察室（仮称）を置く。
②各府省に行政文書の管理及び情報公開の実質的責任者となる公文書監理官（仮称）を置き、その下に公文書監理官室（仮称）を設置する。
③職員への研修を充実強化し、公文書管理の取組を人事評価制度に反映させる。
④改竄などの悪質なケースでの懲戒処分を明確化する。
⑤行政文書の電子的な管理の充実により、行政文書の所在情報把握ができるための方策をとる。
⑥電子決裁システムへの移行を加速する。

どのように機能させるか

①②で、内閣府に行政文書の管理の司令塔を置き、各府省にも公文書管理を適正に行うための役職を作ることにしました。司令塔の権限が強まることや、各府省に文書管理を専

門に行う部局を設置することは一歩前進です。

ただ、重要なことは、役職を「置く」こと自体ではなく、その役職で「何をさせるのか」です。

そもそも、管理監が司令塔にふさわしいか疑問があります。管理監は、国民に公開しないことを前提とする特定秘密の検証・監察を行っている組織です。国民への公開の基盤となる公文書管理の適正化とは、職務内容が大きく異なります。特定秘密のチェック内容も形式的な文書形式などへの指摘に限られています。さらに、人員の少なさなどもあって、二〇一七年度に確認した文書等は六四四件に止まっており、あまり機能しているとは言いがたいです。歴代の管理監は、特定秘密のチェックのために検事出身者が就任していますが、公文書管理の専門的な知識を持っているとは言えません。最低限、公文書管理を専門とする別の役職を創設すべきだったのではないでしょうか。

ただ、すでに置くことが決まった以上は、この管理監をどのように機能させるかを考えなければなりません。二〇一七年一二月に、公文書管理法の運用規定である「行政文書の管理に関するガイドライン」改正が行われ、行政文書の「正確性」を期するために、原則複数の職員で確認し、文書管理者（課長級）が確認することになりました（第九章参照）。これにより、課長級が確認した文書以外は「行政文書ではない」と主張することができるようになり、行政文書の範囲を狭める政策が行われています。よって、管理監は「文書をできる限り作らない」という指導を行う可能性もあるのです。

そのため、管理監や各府省に置かれる公文書監理官の職務の透明性が求められます。管理監が行った調査や是正措置などを公開するだけでなく、③の研修の内容もすべて公開して、職務内容を明らかにすることが必要です。また、文書管理の専門家の登用や、意見聴取できる仕組みが必要でしょう。

罰則の効果

公文書管理法には罰則が存在していません。制定当時の議論では、罰則を作ると職員が萎縮して文書を作成しなくなる可能性があるため、まずは自発的に守ってもらうことを期待するということでした。悪質な違反の場合は、刑法の公用文書等毀棄罪や公文書の偽造罪、国家公務員法第八二条の職務違反の懲戒規定が適用されると説明されていたのです。

しかし、森友学園問題での文書改竄において、検察は佐川宣寿理財局長などの改竄に関わった財務官僚の起訴を断念しました。公文書の偽造罪などは、金額を書き換えて公金を横領するなどの罪が想定されており、公文書を改竄して国会に報告するといったような事例を想定していなかったと言えます。

今回の政府の取り組みでは、公文書管理法に罰則を入れるということにはならず、人事院の「懲戒処分の指針について」に行政文書の不適正取り扱い事案を新たに加えることになり、二〇一八年九月七日に改正が行われました（④）。内容は「公文書の不適正な取扱い」として、偽造・変造・虚偽作成・毀棄は免職または停職、決裁文書改竄は免職または停職、公務の運営に重大な支障を与える改竄、紛失、誤廃棄、その他不適正な取り扱いは停職、減給または戒告となっています。

私は以前から、悪質な改竄などについては、刑事罰を入れる必要があると考えていました。ただ、罰則を入れるときには慎重な制度設計が必要です。公文書管理法制定当時の議論にもあったように、懲戒処分の導入は、文書を作成しないとか、「個人資料」（私的メモ）

として行政文書に登録しないというインセンティブが働く可能性があります。文書の意図的な廃棄や改竄は懲戒にあたりますが、「作成しない」ことや「個人資料にした」ことを「違法」であると立証することは簡単ではありません。作成しなければ処分されることはないのです。あまり広範囲に罰則を設定すると、現場の公務員が意図せざる違反行為に気を使わなければならなくなり、業務の効率性が失われる恐れがあるので注意が必要です。

これを防ぐには、公文書管理法を改正し、行政文書の定義における「組織的に用いる」を削除して、公務員が業務上作成する文書は原則としてすべて行政文書とすべきです。公務員の仕事の性質を考えれば、すべてを口頭で済ませ、決裁文書しか作成しないということは無理でしょうから、「個人資料」という逃げ道をなくせば、必然的に政策決定過程の文書は行政文書として作成されるはずです。

ただ、公務員が作成する文書すべてを行政文書とするのは、かえって非効率になると思います。よって、具体的に「個人資料」にできる文書を定義するべきです（例えば、電話のときに取ったメモや、会議のときの配付資料〈原本は行政文書〉など）。今は、「何を行政文書とするのか」を選別する運用となっていますが、原則すべて「行政文書」として、例外を

「個人資料」にできるような運用にするべきです。

また、人事評価制度に公文書管理の取り組みを反映させるとありますが、何を評価するかによって、文書の作成が妨げられる可能性があります。決裁文書のみを系統立って残すことや、文書を廃棄することが評価を上げることにつながることもありえます。逆に、公文書に「必要のないことを書いた」場合に評価が下がるケースもありえるのです。この人事評価制度についても、基準を公開することが重要です。

電子文書の保存

⑤は、イラク派遣部隊日報問題などで、不存在とされた行政文書が後から発見されたという事案を解決するために入れられました。対策を見ると、共有フォルダの体系的管理のためのマニュアル作成、検索効率を上げるためのファイルの名称や文書属性の明示方法の標準化などが挙げられています。電子化によって、業務の効率性が上がるのであれば、歓迎すべきことです。

気になる点は、「共有フォルダ」の管理が中心になっているところです。公文書管理法の運用において、行政文書の定義である「組織的に用いる」という基準が、「共有フォルダに入っているか否か」で決められている傾向があるように見えます。例えば、加計学園問題の「総理のご意向」と書かれたいわゆる「怪文書」問題の際に、文科省は当初「共有フォルダ」だけを探して、そのファイルは存在しないと説明をしました。つまり、「共有フォルダ」にしか行政文書は存在しないという論理です。

もちろん、業務上、複数の人で利用している組織的に用いられる文書が、すべて共有フォルダに入るのであれば問題はありません。ですが、現状はきちんとそのような管理がなされているようには見えません。⑥についても、電子決裁された文書だけではなく、決裁文書の説明文書にあたるような政策決定過程に関連する文書も、電子情報として系統的に管理されなければならないのです。

なお、⑤と⑥については、「行政文書の管理の在り方等に関する閣僚会議」と同日に行われた「デジタル・ガバメント閣僚会議」において「電子決裁移行加速化方針」が定められており、行政文書の電子化に力を入れています。二〇一九年三月二五日には「行政文書の電子的管理についての基本的な方針」が内閣総理大臣決定で出されており、新たな国立公文書館の開館する二〇二六年度を目途として、本格的な電子的管理に移行することをめざすとしています。

改竄ができないようにするために、職員の意識ではなく「システムを変える」という解決法が採られたとも言えましょう。もちろん、これによって業務が効率化され、政策決定過程の行政文書がきちんと残るようになれば素晴らしいと思います。最終的には、文書管理業務をＡＩなどを用いて自動化する考えもあるようです。「国民への説明責任を果たす文書をきちんと作成して管理する」という公文書管理法の精神に基づいたシステムの運用が求められます。

対症療法のその先に

今回の政府の取り組みを見ると、結局は不祥事に対する「対症療法」にしかなっていません。財務省の文書改竄を、組織的ではなく、例外的な人たちが行ったことにしたために、

「改竄をする人をなくす」という発想で対策が取られているからです。結果、改竄を行ってしまう土壌がどのようなものであったかを考えなかったため、公文書管理や情報公開のあり方から抜本的に見直すところにはつながらなかったのです。

第九章で述べましたが、行政文書の定義が狭められている以上、文書管理を徹底して行おうとも、政策決定過程の文書は残りにくくなっています。公文書管理法の行政文書の定義の見直しをしなければ、政策決定プロセスがわかる文書はさらに残りにくくなるかもしれません。

公文書管理法の目的である「現在及び将来の国民に説明する責務」をどのようにすれば果たすことができるのか。その点から、制度設計を考え直さなければならないのではないでしょうか。

第三部　未来と公文書

第一二章　行政文書の定義から外れる「歴史的文書」の保存問題

「カンテラ日誌」の廃棄

気象庁の富士山測候所は、台風の観測などに用いられた「富士山レーダー」などで知られる日本を代表する気象観測地として有名でした。富士山頂での通年の気象観測は一九三二年から行われていましたが、気象衛星の発達などにより、一九九九年にレーダーは廃止となり、測候所も二〇〇四年に無人化されました。レーダーは富士吉田市に移設され、富士山レーダードーム館となっており、測候所は「富士山測候所を活用する会」に貸与されて、今でもさまざまな観測に利用されています。

この測候所では、一九三六年以来、職員が代々綴《つづ》ってきた「カンテラ日誌」と呼ばれる日誌が四四冊作成されていました。この日誌には、日々の業務や苦労話などが、職員によって毎日書き留められていたのです。この日誌は、元職員が記した中島博『カンテラ日記―富士山測候所の五〇年』（筑摩書房、一九八五年）、志崎大策『富士山測候所物語』（成山堂書店、二〇〇二年）や、気象庁発行の冊子などで用いられており、一部の研究者などには存在が知られていました。また、九〇年代後半には、展示品として博物館に貸し出しをしていたことが、新聞記事などから確認できます（「毎日新聞」一九九九年三月二七日山梨版、八月一四日静岡版）。

しかし、二〇一八年一月、「毎日新聞」が気象庁に情報公開請求を行ったところ、三月に文書が存在しないとの通知を受けました。さらにその後の調査で、この日誌が二〇一七年一一月以降に、「文書整理の一環」として、他の行政文書と一緒に溶解処分されていたことがわかったのです。気象庁の担当者によれば、測候所が無人化された際に、日誌は東京管区気象台に移されていましたが、「毎日の出来事や感想を個人的に書き留めたもの。職務ではなく、行政文書に当たらない」ため、必要ないものとして処分したといいます

(「毎日新聞」二〇一八年三月二五日朝刊、八月一〇日朝刊)。

気象庁の発行物に引用されたり、関係者が利用していたことから、その文書に歴史的な価値があると気づいた人は、気象庁内部にまったくいなかったとは思えません。しかし、貴重な歴史資料は廃棄されてしまったのです。

なぜ廃棄されたのか

では、なぜこのようなことが起きたのでしょうか。

気象庁の担当者によれば、「カンテラ日誌」は「職務上作成」したものではなく、ただ単に職員が感想ノートを個人的に書いていたものなので、行政文書の定義を満たさないとしています。つまり、公文書ではないものが保管されていたので、収納スペースを作り出すために捨てたのです。「行政文書ではない」ので、公文書管理法に規定された外部からのチェックも必要ありませんでした。

確かに、過去に紹介された「カンテラ日誌」を見ると、現在の行政文書の定義にはあてはまらない文書であると判断されるのはやむをえないかもしれません。また、おそらく「個人情報」が書かれているから、博物館などの外部機関への寄贈という選択を取らなかったのでしょう。

ただ、それでもなお、昭和初期から書き継がれていたものを、ゴミとして捨ててしまう発想に、悲しさとむなしさが残ります。誰かに資料価値を聞かなかったのか。個人情報が載っていたとしても、部分公開は可能だったはず。歴史的に重要な行政文書の移管先である国立公文書館は、「行政文書以外の文書も引き受けることは可能です。「行政文書の管理に関するガイドライン」では、一九五二年度（サンフランシスコ平和条約）以前に作成された文書で現在も残っている行政文書は、廃棄してはならず、原則移管すると定められています。

少しでも歴史資料保存に関心のある人が周囲にいれば、この廃棄を止めることができたのではないでしょうか。

残念ながらこの廃棄が示すものは、歴史資料の保存の必要性を、多くの人が自分の問題として認識できていないということでしょう。それは、私も含めた歴史研究者や教育者の責任であるかもしれません。「歴史好き」は多いと思われるこの国において、「歴史資料」の保存の重要性を認識する人はあまりに少ないのです。

国有林史料の保存

ただ、改めて考えてみると、各行政機関や地方公共団体など、さまざまな公的機関で、「カンテラ日誌」のような、現在の行政文書の定義にはあてはまらないけれども、職員が作成したり取得したりした文書というものは、数多く残っているように思われます。過去に行政文書かどうか曖昧な文書が、結果的に国立公文書館に移管されたケースとして、林野庁の森林管理局などに保存されていた国有林資料が挙げられます。

一九九九年の省庁改革の際に、林野庁は五年間で国有林事業の再編成を行い、地方にあった出先機関の統合を行うことになりました。その際に、加藤衛拡《もりひろ》筑波大学教授や徳川林政史研究所の太田尚宏《なおひろ》主任研究員などが中心となって、二〇〇一年から各森林管理局の所蔵資料の実態調査が行われました。その結果、例えば東北森林管理局では、一六〇〇年代の江戸時代からの資料が保存されていることがわかりました。林業は土地関係の係争が多かったこともあり、古くからの地図や調査簿などが残されていたのです。

これらの資料の中には、四国森林管理局のように、二〇〇一年の情報公開法施行前の文書整理で大量廃棄されたケースもあれば、他の管理局では、調査に入ったときに廃棄寸前だった資料もありました。行政文書の定義が法的に初めてなされたのが、二〇〇一年施行の情報公開法でした。そのため、江戸時代の資料のような、近代的な行政機関がそもそも存在しない時代の文書をどのように扱えばよいのかが、難しい問題となったのです。四国で廃棄をしたのは、「行政文書の定義にあてはまらないから」という意味があったと思われます。

他の管理局の文書も、九州森林管理局のように、明治初期の書類が荒縄で縛られたまま積んであるといったような、たまたま倉庫にスペースがあったから保存されていたというケースもあり、いつ廃棄されてもおかしくない状況でした。

研究者が調査に入ったこと、シンポジウムなどを行って問題の共有に努めたこと、そしてアーカイブズ関係の取材に定評のある「日本経済新聞」の松岡資明《ただあき》編集委員が大きな記事にしたこともあり、国有林資料は最終的には国立公文書館への移管が決まりました。一九四五年以前の文書はすべて移管となり、それ以後の文書は、現用で利用するものは行政文書として引き続き各管理局が管理をし、残りは移管することになりました。その結果、一万七五六一点にものぼる貴重な歴史資料が、国立公文書館で永久保存されることになったのです（「日本経済新聞」二〇〇七年四月七日朝刊、小宮山敏和「【資料紹介】平成十九年度　森林管理局移管文書」『北の丸』四二号、二〇〇九年一〇月）。

行政文書の定義から外れる歴史的文書

情報公開法で行政文書の定義が定められた際、公文書館などで「歴史的若しくは文化的な資料又は学術研究用の資料として特別に管理されているもの」については、行政機関で歴史資料として保存できることが決められました。しかし、公文書館やそれに類する文化施設を持たない行政機関が多い中で、保存されているけれども行政文書の定義にあてはまりにくい文書は、行き場をなくしていったように思われます。そのため、倉庫の中に放置されていたら残りますが、倉庫にスペースを作ろうとして「発見」されると、文書が廃棄されるという状況に見舞われています。

地方公共団体でも、自治体史編纂で収集した古文書や非現用となった行政文書が図書館や役所の倉庫に放置されたり、市町村合併で吸収された側の市町村の文書がそのまま倉庫に残されたり、廃棄されたりなどしているのです。

最近では、アーカイブズ関係者などの中で、学校資料の保存問題への関心が高まっています。学校資料は地域に残る重要な歴史資料です。特に小学校は、明治以来、地域の交流拠点として機能してきた経緯があります。

例えば、学校で起きたさまざまなことを記録する「学校日誌」には、戦争中の戦意高揚のためのさまざまな行事（出征兵士を見送るとか）が記録されていることも多く、その地域の歴史を振り返るときに重要な記録となっています。しかし、少子化や過疎化の流れの中で、学校の統廃合が進んでおり、学校に存在する歴史的な資料が廃棄される可能性が高まっています。

公立学校で職務上作成される文書は、当然ですが公文書にあたります。例えば、学校教育法施行規則第二八条によれば、学校日誌や指導要録などは作成義務があり、保存期間は五年間です。アーキビストの富田健司氏によれば、保存期間満了後に歴史的資料として公文書館などへの移管を規定した地方公共団体は少なく、ほとんどが廃棄されてしまうようであり、学校側も個人情報に過剰に反応して廃棄が促進されるとのことです。一方、学校史編纂などに必要なために、廃棄手続きは取った上で、学校日誌が残されるというケースはあるとの話を聞くことがあります。

また、学校で保存される歴史的な資料は、授業で使うための農具や家庭用品などの民俗資料や土器などの考古資料、写真資料、生徒が作成した作品なども含まれます。このような、公的な機関における公文書とみなされない歴史資料を、「公文書でないから」という理由だけで廃棄されるのを防がなければなりません（詳しくは『地方史研究』三九一号、二〇一八年二月の「小特集　学校資料シンポジウム」や、地方史研究協議会編『学校資料の未来—地域資料としての保存と活用』岩田書院、二〇一九年を参照）。

「カンテラ日誌」の廃棄問題と似たような事例は、各行政機関や地方公共団体で起きているのではないかと思われます。もちろん、ありとあらゆるものを残すことは不可能ですが、歴史的に重要な資料だと思われるものがあった場合、公文書館などのアーキビストに相談したり、あるいはアーキビストが調査できる仕組みは必要ではないでしょうか。

第一三章　安曇野《あづみの》市文書館の開館

相次ぐ文書館の開館

二〇一八年一〇月一日、長野県安曇野市に文書館が開館しました。

長野県では公文書館の設立が相次いでいます。以前から存在する長野県立歴史館、長野市公文書館、松本市文書館、小布施町《おぶせまち》文書館に加え、二〇一八年度になってから東御《とうみ》市文書館（四月四日）、須坂《すざか》市文書館（開設四月一日、開館一〇月一日）が開館し、ほかにも二〇一九年九月一日、上田市で公文書館が開館しました。

東御市や上田市では、地元の郷土史の研究者たちが中心となって、古文書などの歴史資料も含めた文書館の設立を求める請願書を首長に提出するなど活発な活動が行われ、その成果として公文書館が設立されました。須坂市では『須坂市誌』の編纂事業の際に収集した歴史資料と公文書を公開するために、大正時代に建てられた旧上高井郡役所の建物に文書館が設置されました。

私は、安曇野市文書館の業務内容を検討する「文書館業務検討委員会」の委員として微力ながら開館に関わり、二〇一九年度から文書館運営審議会の委員を務めています。そこで、文書館設立の経緯を説明し、地方公文書館の開館の一例として紹介します。

文書館開館への道

安曇野市は長野県の中信地域に位置し、松本市の北に隣接した都市です。二〇〇五年一〇月に明科町《あかしなまち》、豊科町《とよしなまち》、穂高町《ほたかまち》、三郷村《みさとむら》、堀金村《ほりがねむら》の五町村が合併して誕生しました。県内でも有数の博物館と美術館の密集地であり、公立の博物館だけではなく、彫刻家荻原守衛《もりえ》の作品を展示する碌山《ろくざん》美術館などの民間の美術館も充実しています。よって、市民の文化、芸術活動への理解度が高い地域です。

　また、安曇野地域は郷土史の活動が盛んな地域であり、旧町村のすべてに郷土資料館（民俗資料館）が存在しており、町村誌編纂などに利用された古文書などを保存していました。しかし、合併後にすべての資料館を維持することは困難であり、統廃合をどのように行うのかが課題となりました。また、合併後の旧町村の公文書の扱いも問題となったのです。

　新市発足から三年後の二〇〇八年に、第一次安曇野市総合計画（基本構想、前期基本計画）が策定されました。その中で、「文化を学び育むまち」の節に「歴史民俗資料の保存・活用」が位置づけられ、「市立博物館的な施設の検討」がされることになりました。翌二〇〇九年からは、教育委員会文化課文化財保護係が古文書の収集・整理事業に着手したのです。しかし、古文書の受け入れ施設がないこともあり、デジタルカメラでの撮影を行うことなどに限られました。このとき、市職員が松本市文書館に視察に行ったところ、古文書や歴史的に重要な公文書を一元管理できる文書館を作るべきではないかとのアドバイスを受けたのです。

引き続き、総合計画の具体的な計画として、二〇一一年には「安曇野市文化振興計画」が策定され、「郷土の歴史的・文化的遺産や伝統文化、古文書などを保存・継承し、それらを活用して創造的な芸術文化活動が活発に行われるようにします」との基本方針を掲げました。そこで「歴史的価値ある行政文書の保存と活用」の一環として「収集保存並びに調査研究、普及啓発活動を行う文書館機能をもった施設を整備」するとされ、博物館とは別に、文書館を設立する方向へと動き始めました。

二〇一二年には、市庁舎の新設が具体化したことに伴い、全組織に公文書の整理を行うようにとの指示が出ました。そこで、庁舎建設推進課の中に公文書整理担当部局が設置されたのです。昭和四〇年代以前の公文書はすべて保存し、それ以後に作成された公文書は、原課に一次的な整理を委ねた後、選別を行って公民館（穂高会館）に運び込み、そこで整理を行うことになりました。二〇一三年に第一次安曇野市総合計画（基本構想、後期基本計画）が策定され、これに基づいた「安曇野市新市立博物館構想」（二〇一五年）の中で、文書館の設立が位置づけられました。

問題は施設をどこに置くかということでした。財政的に新設は難しい中で、講堂を残して取り壊す予定であった旧堀金村の旧図書館・公民館の工事に、想定を超える多額の費用がかかることが判明したため、解体費用をリノベーション費用にまわして再利用することになったのです。二〇一六年六月に宮澤宗弘市長は、解体工事の中断と文書館の設置計画を市議会で説明し、最終的に文書館の設置が決定しました。工事等の費用は約三億二〇〇〇万円かかりましたが、そのうち約二億七〇〇〇万円は合併特例債を利用しました。

また、二〇一七年四月には安曇野市自治基本条例が制定され、市政運営の三つの基本原則の一つとして「情報共有の原則」が掲げられ、文書館はそのための施設として位置づけられたのです。

理想とする文書館

二〇一七年五月には文書館業務検討委員会が設置され、具体的な文書館業務について提言を作成しました。委員会の構成メンバーは、県立歴史館のアーキビスト、安曇野地域の郷土史に精通した元文書館長、公文書管理条例などに詳しい行政法学者、利用者である歴史研究者（私）の専門家にプラスして、市民から公民館事業関係者、村誌編纂関係者、古文書勉強会の中心メンバー、市役所の現用文書担当者が加わりました。

四回行われた会議では、専門家だけではなく市民委員の方からも積極的な発言があり、形式的ではない充実した議論が行われました。「安曇野市文書館開館に向けた提言書」では、文書等の収集、整理方法や閲覧の方法、啓発活動や市史編纂など、多岐にわたる提言を行いました。委員側は、「理想とする目標」を打ち出すことが大切という考え方でまとまっており、すぐには達成が難しい内容も組み込みました。職員からは、できることから進めていきたいとの回答がありました。

この提言書の内容の一部は、二〇一八年三月に制定された安曇野市文書館条例に組み込まれました。これまでの市文書管理規程では、保存期間が満了した文書は原則としてすべて廃棄され、歴史的に重要な文書は、廃棄された文書の中から拾ってくる形になっていました。しかし、これでは公務員に「文書館はゴミを拾ってくる場所」としてしか認識されず、説明責任を果たすための場所としては理解されません。文書館条例制定の際に文書管理規程も改正され、歴史的に重要な文書を文書館へ「移管」するという仕組みが整備されたのです。

そして、二〇一八年一〇月に安曇野市文書館はオープンしました。公文書約四万六〇〇〇点、地域資料約四万二〇〇〇点の歴史資料を所蔵しており、職員数は正規職員二名（うち再任用一名）、非常勤四名（うち館長一名）です（詳しくは、青木弥保「安曇野市文書館について」『アーカイブズ』第七一号、二〇一九年二月を参照）。

なぜ設立が可能だったのか

安曇野市文書館の設立までの動きを追っていくと、いくつか重要なポイントがあったように思われます。

まずは、安曇野の歴史に誇りを持つ市民が存在したことが挙げられます。「文化振興計画」を策定したときに行われた市民アンケートによれば、「『文化のかおるまち』という言葉からどのようなまちをイメージしますか？」（三つまで複数回答）において、「歴史があり伝統文化が受け継がれているまち」が最も多かったのです（六九・四パーセント）。

一方で、「安曇野市で特に残したい文化とは何ですか？」（三つまで複数回答）という質問には、自然環境や山岳・田園風景などの景観に関する項目が上位に入る反面、「歴史的資料（古文書、行政文書、民俗資料、先人の功績など）」を選択した人は一六パーセントに止まっており、選択肢のあった項目のうち最低の数字でした。つまり、歴史を誇りに思っている反面、その元となる資料の保全にはやや関心が薄かったと言えるでしょう。

それをカバーしたのは、市職員の方の熱意であったように思われます。歴史的公文書の担当部局である教育委員会文化課の職員には、専門のアーキビストも含まれており、文書館の設立に向けて非常に熱心に取り組まれていました。彼らの尽力なしには、この文書館は設立されなかったでしょう。

次に挙げるのは、公文書管理法の存在の大きさです。管理法の第三四条には「地方公共団体は、この法律の趣旨にのっとり、その保有する文書の適正な管理に関して必要な施策を策定し、及びこれを実施するよう努めなければならない」とされています。もともと、公文書館の設置は公文書館法（一九八七年施行）を根拠として行われていました。しかし、公文書館は「歴史好事家《こうずか》のためのもの」という位置づけをされがちであって、財政が厳しいときには職員がリストラの対象になるなど、理解が広がっていかないことが課題でした。しかし、公文書管理法が制定されたことで、公文書を「現在及び将来の国民」への説明責任を果たすために残さなければならないという位置づけをすることが可能になりました。そのため、公文書館の設置根拠に「説明責任」という新たな概念が加わったのです。これは、予算が付きにくい公文書館設立への大きな後押しとなりました。

さらに文書館設立の根拠となったのは、自治基本条例の存在です。近年、自治基本条例の制定が各地で相次いでおり、ＮＰＯ法人公共政策研究所の二〇一九年八月一日現在の調査によれば、自治基本条例を制定した市町村は三七七に及びます（http://koukyou-seisaku.com/policy3.html）。これは全市区町村数の約二一・六パーセントに相当します（e-stat の八月一日現在の市区町村数合計一七四七を分母とした）。

多くの自治基本条例では、「市民との情報共有」が掲げられています。最初に制定された北海道ニセコ町の「まちづくり基本条例」（二〇〇〇年一二月二七日）では、「まちづくりは、自らが考え行動するという自治の理念を実現するため、わたしたち町民がまちづくりに関する情報を共有することを基本に進めなければならない」（二条）と位置づけられています。自治基本条例には、まちづくりに市民が参加していくことが含まれており、情報公開制度の充実や公文書館の設置を推進しやすくなったのです。

安曇野市の場合は、市の総合計画に組み込むだけでなく、公文書管理法や自治基本条例にリンクさせることで、文書館を市民への説明責任を果たすための施設として位置づけることができました。さらに、地域資料の整理事業、庁舎の建て替え、文書館を設置できる施設が空いたなど、さまざまな条件も重なって、開館にこぎつけたと言えるでしょう。

文書館の職員によると、近隣の地方公共団体からの視察も相次いでいるそうです。公文書館の設立へのハードルは、各地方公共団体によって大きく異なるでしょう。また、安曇野市文書館の運営が軌道に乗っていくためには、市民からの支援も必要です。

微力ながら設立に関わった者として、今後の発展に期待をしています。

第一四章　地方公共団体の公文書管理問題を考える

未来への記録

関東弁護士会連合会（関弁連）が、二〇一八年九月二八日にシンポジウムを行いました。当日に、シンポジウムの資料として『未来への記録—自治体の公文書管理の現場から』という報告書が刊行されました。この報告書の中核は、関弁連の対象区域の都県（茨城、栃木、群馬、埼玉、千葉、東京、神奈川、新潟、山梨、長野、静岡）の全地方公共団体と、公文書管理条例を制定した二〇地方公共団体に対して、公文書管理に関するアンケートを行った結果をまとめたものです。森友・加計問題などの公文書管理に関する問題が噴出する中で、地方公共団体の公文書管理の状況を分析し、公文書管理の適正化のための条例制定の促進などへつなげていこうとの考えです。

内容は、公文書管理が問題となった各地の情報公開に関する審査会の答申の紹介、公文書管理条例を制定した地方公共団体と未制定の地方公共団体への公文書管理のアンケート分析、電子公文書・デジタルアーカイブズの現状、公文書館や専門職などの制度的・人的な担保措置の現状などです。市販されていない資料なので、私が気になった内容を紹介しながら、地方公共団体における公文書管理問題を考えてみましょう。

公文書管理条例の利点

まずは、公文書管理条例を制定した地方公共団体へのアンケート調査を取り上げてみます。

条例制定のきっかけとして、地方公共団体にも公文書管理の適正化の努力義務を定めた公文書管理法第三四条を挙げた地方公共団体が多いですが、それ以外にも首長のイニシアティブ（熊本県）や合併後の庁舎移転をきっかけに文書管理の指針を定めたケース（安芸《あき》高田市《たかた》）などもあります。公文書管理法は条例制定の「錦の御旗《みはた》」になっていますが、その旗を使うかどうかは、首長や職員などの意識によるのでしょう。

条例制定のメリットとしては、「職員の意識付けの向上」「公文書の散逸防止、検索性向上、効率化」などを挙げる地方公共団体が多いです。ファイリングシステム導入とセットに行っている地方公共団体もあります（秋田市）。

制定のスケジュールは、多くの地方公共団体で三年前後かかっています。関弁連は「行政文書の管理の在り方を全庁的に大きく変える制度であればあるほど、現状の把握を踏まえた新たな行政文書管理の仕組みの検討にある程度の時間を要する」（二九頁）とまとめていますが、条例制定を業務改善の一環として考えている地方公共団体が多いことがわかります。東京都や愛媛県のような政治目的が前面に出た条例制定は、現状の追認になりがちです。やはり時間をかけて業務の効率性につなげることが、条例制定には必要不可欠だと言えます。

公文書管理条例は作ればよいというものではありません。制定した多くの地方公共団体は、どのように機能させるかを重視していたことがわかります。

問題点を挙げた地方公共団体の中には、職員に文書管理制度を徹底させるためには時間と労力が必要と述べているところもあり（熊本県）、機能させるための不断の努力が必要なことは間違いないでしょう。

条例をなぜ制定しないのか

では、公文書管理条例を制定していない地方公共団体はどのように考えているのでしょうか。

まず、「公文書の管理について、次のうちどのようなことに関心がありますか」（複数回答可）という質問に対し、「自治体の行っている業務を後任の職員に理解してもらうこと」四九・九パーセント、「自治体の行っている業務を住民その他の人々に関心を持ってもらい理解してもらうこと」三〇・〇パーセント、「自治体の文書管理を効率化したい」一八六・三パーセント、「自治体の歴史を後世に残したい」二三・五パーセント、「特に関心はない」二・二パーセント、「その他」五・〇パーセント、との回答でした。

文書管理の効率化への関心を挙げる地方公共団体が圧倒的に多く、次に後任の職員への引き継ぎが挙がっています。これは、普段の職務の中で文書管理が上手《うま》くいっておらず、問い合わせがあっても探せないとか、人事異動のときの引き継ぎに苦慮するといったことが現場で起きているのが原因ではないかと推測できます。

一方、住民に理解してもらうことは三割程度、歴史を残すは四分の一程度しか選択されていません。四つの回答すべてに〇がついてもよかったはずですが、実際に〇をつけたのは一〇・六パーセントに止まったといいます。関弁連はこの結果を、現用文書を扱っている総務課の職員が回答者に多かったこと、住民参加があまり行われていない、もしくは消極的な地方公共団体では、住民の理解は関心対象にならないということではと分析しています（六八頁）。選択肢があっても選ばないということは、問題意識がないということでしょう。

公文書管理法では第一条に、公文書は「健全な民主主義の根幹を支える国民共有の知的資源」と位置づけられています。公文書管理がきちんとなされていることは、情報公開制度が機能する際の根幹に関わるものですが、そのような意識は地方公共団体の文書管理を担当する課員にはあまり浸透していないことがわかります。

そのため、公文書管理条例を制定しない理由を問う質問に対しては、「文書管理規程に基づいて取り扱っているので条例を制定する必要がない」と答えた地方公共団体は七五・五パーセントにも及びました。条例を制定することによって、住民への責任を明確にするという考え方は薄いことがわかります。

ただ、その一方で条例制定の必要性を認識しているか、認識している可能性がある地方公共団体も約二〇パーセントあるとされています（一二七頁）。

また、『日経グローカル』誌の調査によれば、公文書管理条例未制定の四一道府県のうち、一五道県が「準備」「検討」と回答をしているとのことであり、大規模な地方公共団体では公文書管理条例の制定を検討するところが出てきているのです（二〇一八年九月一七日号）。最近でも滋賀県（二〇一九年三月二二日公布、二〇二〇年四月一日施行）や高知県（二〇一九年七月三日公布、二〇二〇年四月一日施行）で条例が制定され、群馬県や長野県などでも条例の制定がめざされています。

電子公文書のゆくえ

政府が現在進めている公文書管理制度改革は、最終的には「電子文書」化による解決の方向へと大きく進んでいます。

一方地方公共団体では、電子化の進行はまだら模様です。現用文書の紙媒体と電子媒体の比率を聞いた質問では、全体の約五五パーセントが電子文書は一〇パーセント以下と答えています。五〇パーセント以上が電子文書と答えた地方公共団体は九・五パーセントに止まります。一方、電子決裁システムや電子媒体を管理する仕組みがあると答えた地方公共団体は約四割あります。実際にはシステムを使っていても、保存は紙で行っているケースなども多いようです。

関弁連の分析では、電子化は地方公共団体の規模が大きくなるにつれて制度の導入が進む傾向にあると指摘しています（一四六頁）。大規模であるほど金銭的、人的リソースが相対的に豊富であることや、関連する業務量が多く、制度を導入するインセンティブが相対的に高いのです。一方、小規模な地方公共団体では、時間、人手、予算不足があり、そもそも紙媒体の管理・保管で十分であるという考え方になりがちであるようです。

政府の電子政府化の取り組みは長らく行われてきましたが、最近公文書管理については本格的に推進に乗り出してきています。この影響は地方公共団体にも波及する可能性があるでしょう。

報告書には、韓国ソウル市の情報公開サービスの紹介がされています。ソウル市では決裁文書が自動的にインターネットで公開されるようなシステムを組んでおり、政策・研究資料などのさまざまな行政情報を公開し、市民に情報公開を徹底することで、市民が活用できるようなインフラを整えています。こういった市民に開かれた制度は、電子文書管理が徹底していないと簡単にはできないでしょう。

電子化が地方公共団体でどこまで波及するかはわかりませんが、電子化によって文書の方が変わってくる可能性もあり、注視する必要があるでしょう。

残[illegible]文公文書の保存、公開は、各地方公共団体ではあまり意識されてい[illegible]歴史「公文書」に限った質問ではない（古文書なども含まれてくる）[illegible]または公文書館機能を持つ施設があるかという質問に対し、条例未制定[illegible]は八八パーセントが「ない」と答え、そのうちの八割以上が設置の検討も行[illegible]いと答えています。

設置していない理由としては「設備費用や維持費用を確保できない」が最も多く約六三パーセントにものぼり、ほかにも人員やスペースの問題などが次々と挙がっています。「必要性がない」との答えも三割弱あり、公文書館の設立のハードルは非常に高いのです。

公文書管理制度への各地方公共団体の関心は、結果的に現用文書をどう扱うかという点に集中しています。もちろん、現用の管理がそもそもできていなければ歴史公文書も残らないので、やむをえないとは思いますが、改めてこの数字を見ると、歴史公文書の保存を意識付けることの困難さを感じます。

ですが今は、やっと現用文書の管理を徹底する必要があるということが、次第に政策課題として挙がってきたということを評価するべきなのかもしれません。

関弁連は最後に四つの提言を挙げています。①公文書管理条例の制定（蓄積されてきた経験を踏まえた仕組みの導入）、②公文書管理条例の不断の検証（条例が必要十分な制度になっているか見直す）、③電子公文書化の推進（情報技術の利用）、④実務的に支える物的・人的・組織的基盤の充実（アーキビスト、公文書館、第三者機関など）。

これらの提言はもっともだと考えます。

この報告書は、外部からは見えづらい地方公共団体の公文書管理の現状を見ることのできる貴重な資料集だと考えます。興味のある方は、ぜひ入手していただければと思います。

第一五章　アジア歴史資料センター

「アジ歴」とは何か

読者のみなさまは「アジア歴史資料センター」（略称「アジ歴」https://www.jacar.go.jp/）というウェブサイトをご存じでしょうか。

アジ歴は、国立公文書館に属するデジタルアーカイブズを運営する機関です。アジ歴のサイトで公開されている文書は、主にアジア・太平洋戦争敗戦以前の歴史的に重要な公文書です。国立公文書館、外務省外交史料館、防衛省防衛研究所戦史研究センター（旧陸海軍の公文書）などが所蔵している公文書を中心に画像データにして目録を整備し、冒頭三

○○字を文字起こしして検索しやすくしています。

例えば、日露戦争の日本海海戦の際に、敵艦隊を発見して出動したときの電報（「敵艦隊見ユトノ警報ニ接シ連合艦隊ハ直《ただち》ニ出動之《これ》ヲ撃沈滅セントス本日天気晴朗ナレ共波高シ」「日本海海戦電報報告1〈1〉」）や、一九四五年八月のポツダム宣言受諾書（「大東亜戦争終結ニ関ス

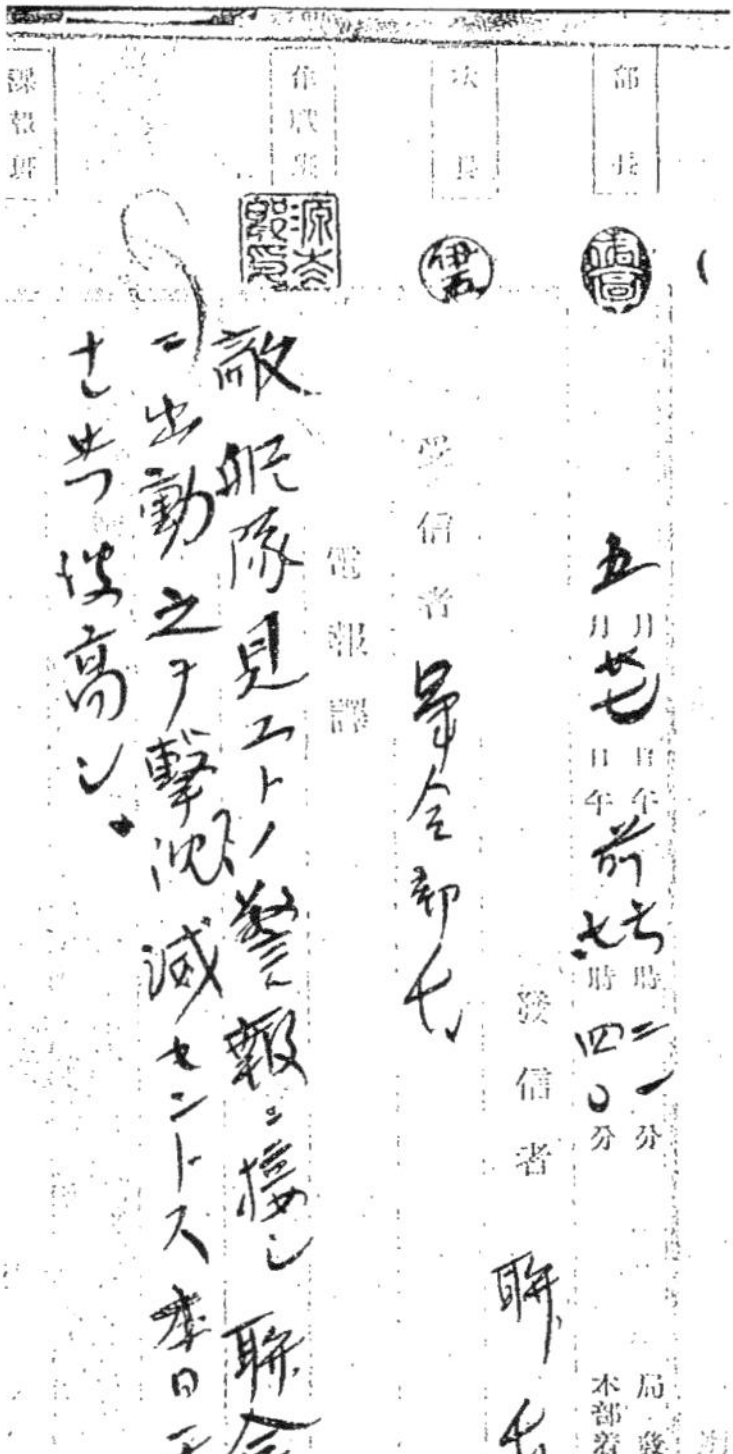
敵艦隊見ユトノ警報ニ接シ聯合艦隊ハ直ニ出動之ヲ撃沈滅セントス本日天気晴朗ナレ共波高シ

《日本海海戦電報報告1（1）》より
防衛研究所戦史研究センター蔵

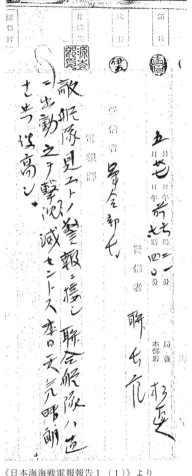

ル関係文書調印ニ関スル件」）など、歴史的に有名な公文書も多く公開されています。

二〇一七年度からは戦後の公文書も公開するようになっており、今後もデジタル画像の公開が充実していくことになっています。現在は、二八〇〇万を超える画像が公開されています（https://www.jacar.go.jp/about/outline.html）。

アジ歴のデータベースが公開されたのは二〇〇一年一一月三〇日のことです。その歴史研究への貢献は計りしれません。例えば、それまで検索ですら簡単ではなかった防衛省所蔵の陸海軍文書や外務省の外交文書が、インターネット上の画像で見られるようになったのです。また、地方や海外在住者にとって、歴史的な公文書資料を閲覧するために東京に行く必要が少なくなり、住居地による研究環境の差を埋めることにもつながりました。世界的に見ても、アジ歴の試みは先駆的であり、多くの海外の研究者からも非常に評価が高く、アクセス数も非常に多いのです。

アジ歴設立の計画

アジ歴が設立されるまでには紆余曲折《うよきょくせつ》がありました。

そもそものきっかけは、一九九四年に発足した村山富市・自社さ連立内閣のときに始まります。日本社会党委員長であった村山首相は、近隣諸国からの日本の戦争責任や植民地責任を問う声が高まっていたことに対して、戦後五〇年の一九九五年に何らかの対応をすることを迫られていました。

一九九四年八月三一日の首相談話において、村山首相は「我が国の侵略行為や植民地支配などが多くの人々に耐え難い苦しみと悲しみをもたらしたことに対し、深い反省の気持ちに立って、不戦の決意の下、世界平和の創造に向かって力を尽くしていくことが、これからの日本の歩むべき進路である」と述べ、「平和友好交流計画」を発足させるとしました。その計画の一つとして、「過去の歴史を直視するため、歴史図書・資料の収集、研究者に対する支援等を行う歴史研究支援事業」が掲げられ、「アジア歴史資料センター」を設立することとしたのです。

その後、官房長官の下に「アジア歴史資料センター（仮称）の設立検討のための有識者会議」が置かれ、一九九五年六月三〇日に「アジア歴史資料センターの設立について」という報告書を発表しました。

センターの基本的性格としては、「日本とアジア近隣諸国等との間の近現代史に関する資料及び資料情報を、幅広く、片寄りなく収集し、これを内外の研究者をはじめ広く一般に提供すること」を目的とするだけでなく、「日本及びアジア諸国における関係諸施設・機関等のハブセンターとしての役割を果たすとともに、国内のみならず国際的にも、日本・アジア関係の近現代史に関する資料及び資料情報を発信できるものであることが望ましい」とされました。

具体的には「①日本とアジア近隣諸国等との近現代におけるかかわりに関する史料、文献・図書等の資料の収集、保存、整理、検索及び利用に関する事業」「②上記資料の所在に関する情報の収集及び提供に関する事業」「③国内外の関係機関・施設との協力、情報交換等の交流事業」を行うことが提言されました。

村山首相の意図は、「過去の歴史を直視し、正しくこれを後世に伝える」ことが必要だと首相談話で述べていることから、歴史資料を各地から収集して資料を公開することで、資料に基づいた歴史研究を発展させ、それが最終的に日本側の反省につながるというものだったと思われます。

当時の歴史学会の動きを見てみると、センターの設立に好意的であり、より内容を充実させるための提言を行っていました。代表的な学会の一つである歴史学研究会の記録を見ると、学会関係者と内閣官房外政審議室の審議官とが何度も懇談を重ねていたことがわかります（『歴史学研究月報』一九九五年七月）。歴史学会側は、政府関係文書の全面的な公開が行われることで近現代史研究や戦争史研究が発展し、過去の戦争の実態究明がなされ、侵略戦争や植民地統治の反省につなげることを企図していました。

アジ歴構想の変更

しかし、侵略戦争や植民地支配への反省を積極的に表明し続けた村山首相が一九九六年一月に退任したことで、アジア歴史資料センター構想は推進役を欠くことになりました。センターをどの省が所管するかをめぐって、外務省と文部省が戦争責任や植民地責任問題に巻き込まれることを嫌い、双方に押し付け合って引き受けようとせず、設立への動きは停滞していきました。次の橋本龍太郎首相は、構想に反対はしませんでしたが、積極的にリーダーシップを取りませんでした。ただ、構想を立てた以上、作らなければ外国からの批判を受けることが確実であったため、構想に大幅な修正がかけられることになりました。

その結果、小渕恵三政権の一九九九年一一月三〇日に、「アジア歴史資料整備事業の推進について」が閣議決定され、「アジア歴史資料のデータベースの構築」をメインとする事業に修正されました。「アジア歴史資料」とは「近現代における我が国とアジア近隣諸国等との関係に関わる歴史資料として重要な我が国の公文書その他の記録」とされ、アジア諸国からの資料収集という点は抜け落ちることになりました。所轄が決まらなかったセンターは、結局は内閣府が管轄する国立公文書館に置かれることになったのです。

歴史学研究会などの歴史学会が内閣外政審議室と懇談した結果によれば、国以外の機関の所有史料などの収集は白紙であり、センターに常駐する職員に歴史の専門家は置かず、目次作成に大学院生クラスの専門家をアルバイトとして雇用するとの説明がありました。「学術機関」ではなく、「情報提供の機関」として位置づけられたのです（『歴史学研究月報』二〇〇〇年三月）。現在、センターに所属する専門家は、研究員として数人が雇用されてさまざまな企画運営などを行い、アルバイトは調査員と名前を変えてデータベースの更新を行っています。ただ、双方とも一年契約（更新あり）という不安定な地位であり続けています。

村山首相の当初の構想から外れてしまいましたが、歴史公文書を選別せずに系統的にアップロードする事業自体は、「いつでも」「どこでも」「誰もが」「無料」で使うことができるという利点もあり、データのアップロードが進むにつれて、多くの利用者から高い評価を受けるようになりました。

歴史研究とデータベース

センター設立プロジェクトを担当した牟田昌平《むたしょうへい》によれば、「公文書を歴史資料として保存・利用するための基盤といえる『公文書館制度』に対する社会的認知の低さと未整備」のため、目録情報を作成する専門家の不足や、近現代資料の目録編纂記述に関する方法論の不備があり、その点に苦慮したことを述べています（「アジア歴史資料センターにおけるデジタル・アーカイブ」『アーカイブズ』第一三号、二〇〇三年一二月)。

しかし、現在振り返ってみれば、それ以前の歴史研究者が持っていた「公文書は決裁文書しかないから、あまり歴史資料として使えない」という先入観を一定程度変えさせたのは、アジ歴のデータベースの存在であったことは間違いないでしょう。これまで発見できなかった資料を、アジ歴で検索して発見した経験のある研究者は、非常に多かったのではないでしょうか。また、アジ歴を窓口にして、公文書館への注目度を高めた人も多かったでしょう。

その後、国立公文書館も二〇〇五年四月にデジタルアーカイブを始め、宮内庁書陵部宮内公文書館は二〇一四年一〇月、外務省外交史料館は二〇一八年一二月に同様の仕組みをスタートさせました。また、国立国会図書館では国会の議事録のデータベースが公開され、書籍や雑誌などのデジタルコレクションも充実の一途をたどっています。今では、ウェブ上のデータベースを利用しない歴史研究はありえない時代になりました。

私が大学院に入ったころは、まだそれほどデータベースは充実しておらず、図書館のOPACですらまだ道半ばでした。紙の目録をひたすら見たり、目次のない国会の委員会の議事録を国会図書館に行って片っ端から見たりしていたことを考えると、隔世の感があります。

ただ一方で、自戒を込めて述べれば、データベースにかからないものを見落としがちになっているのではないか、データベースで見つけた資料の置かれた文脈（どういった性格の文書の一部なのか）を理解できているのか、に不安を感じていることが多いのも事実です。また、データベースが多くなりすぎて、データベースの存在に気づかないことも多くなりました。

アジ歴は今後も近現代歴史研究の中核の一つとして機能することになるでしょう。ただ、データベースの使い方やデータベースの限界を理解できるようなリテラシーを、どのように利用者に身につけさせるのかも考える必要があるように思われます。

第四部　対談　情報公開と公文書管理の制度をどう機能させるか

三木由希子×瀬畑 源

〔みき・ゆきこ〕
特定非営利活動法人情報公開クリアリングハウス理事長。専修大学非常勤講師。横浜市立大学文理学部国際関係課程卒。
大学在学中より情報公開法を求める市民運動に関わり、その後事務局スタッフに。一九九九年七月の組織改称・改編にともなうNPO法人情報公開クリアリングハウスの設立とともに室長となり、二〇〇七年四月から理事、二〇一一年五月から理事長。
情報公開・個人情報保護制度やその関連制度に関する調査研究、政策提案、意見表明、情報公開制度の活用を行うとともに、市民の制度利用のサポート、行政、議員に対しても情報提供や政策立案への協力などを行う。共著に『高校生からわかる政治のしくみと議員のしごと』（トランスビュー）、『社会の「見える化」をどう実現するか―福島第一原発事故を教訓に』（専修大学出版局）などがある。

三木由希子さんは、「特定非営利活動法人情報公開クリアリングハウス」の理事長です。情報公開クリアリングハウスは、一九八〇年に発足した、日本で初めての情報公開法の立法に専門的に取り組んだ「情報公開法を求める市民運動」を発展改編した団体で、公的機関に対する市民の知る権利の保障を求めて活動をしています。三木さんは長年この団体で活動され、現在では情報公開や公文書管理問題で数多くの取材を受けるなど、第一線で活躍されています。

私はそもそも、戦後の天皇制の研究を専門としている歴史研究者で、宮内庁に情報公開請求を行って資料を集めていました。しかし、請求した資料が三年経《た》っても出てこないということがあり、行政訴訟を起こしました。法学部出身でもない私は、裁判での戦い方がまったくわからず、ただ情熱だけで突っ走っていました。そのときに、法的に争う方法や裁判費用を支援してくださったのが三木さんでした。ですので、私にとって三木さんは「師匠」にあたる方です。すでにお会いしてから一三年の月日が経ちました。

私はこの訴訟などの経験から、公文書問題の根深さを知り、さまざまなことを調べて公に書いていくようになりました。今でもリアルタイムに起きている公文書問題にコメントをする際には、必ず三木さんの発信している情報を確認するようにしています。

今回、私の本の最後に、三木さんとの対談を載せることにしました。本書では、さまざまな公文書管理についての問題点を浮き彫りにしてきました。三木さんにうかがったのは、「これからどうしたらよいか」です。そのために、情報公開運動に長年携わってきた三木さんのたどってきた道も話していただきました。現在までの歴史を踏まえた上で、今後どうするかを考えていきたいと思います。（瀬畑）

情報公開法制定前夜

瀬畑　まず三木さんが情報公開に興味を持ったきっかけを教えていただけますか？

三木　もともとは「自分で権利を使う」ことから、情報公開に関する分野に入ったのです。きっかけは大学入試でした。入学試験は、基本的には自己責任で、結果も全部自分で引き受けるのに、国公立大学の二次試験を受けるときの判断基準になるセンター試験の得点を受験生に教えない仕組みはおかしい、と思ったんです。そこで、センター試験の得点や大学の二次試験の得点、そして答案用紙が開示請求できることを知りました。

ただ、当時、国にも個人情報保護法（「行政機関の保有する電子計算機処理に係る個人情報の保護に関する法律」）はもうあったのですが、教育と医療などが本人開示請求の対象から除外されていたのです。だから、国の機関だった大学入試センターに対して開示請求ができませんでした。

でも、公立の大学は自治体の条例が適用されます。私は横浜市立大学に行きましたが、横浜市では当時、情報公開条例の中に、一般の情報公開の仕組みと、普通は個人情報保護条例で定められているような本人開示の仕組みとが、両方入っていたのです。そこで、その情報公開条例を使ったのです。

瀬畑　そういう問題意識があっても、手段を知るきっかけってなかなかなくて、諦めてしまう人が多いじゃないですか。知るきっかけは、どこにあったのですか。

三木　たまたま予備校の小論文の先生が情報公開運動に関係していたのですよ。

瀬畑　へえーっ（驚）。

三木　これはおかしいよねと話をしていたら、いや、三木さん、それだったらこういうのがあるよというので。今から振り返ってみれば、世の中、いろいろおかしいと思うことがありますけど、たまたまそれを言語化して、コミュニケーションをとる機会があった。同じ環境にいた人はいるけれども、自分の目の前を通り過ぎる疑問とか、通り過ぎる人々とか、いろいろな機会があって、その中で何をつかまえるかは人それぞれで。私は、たまたま情報公開をつかまえてしまったというだけです。

瀬畑　そして結局、三木さんは大学卒業後、一般企業に就職しないで、そのまま情報公開運動に入られたのですよね？

三木　そうですね。大学に入った年の四月から『月刊自治研』という雑誌で連載を始めたのです。自治労という労働組合が出している雑誌でした。そこに、一ページ、市民運動が連載枠を持っていて、大学に入ってすぐに「三木さん、この枠、書かない？」と言われて、月に一回必ず、一五〇〇字から一八〇〇字くらいで、情報公開について何か書かなきゃいけないことになった。学生なので、自分で探す能力がないので、いろいろな人の話を聞いたり資料を見たりしながら、毎月書いていました。結局、それ以来一三年、書いていたのですよね。

瀬畑　それはすごいですね。

三木　私は一九九二年に大学に入ったのですけど、ちょうど冷戦が終わって、国の政治も大きく変わり始めた時期でした。リクルート事件とか、東京佐川急便事件などがあって、九〇年代に入ってから政界が従来の形を失っていくわけですよね。で、五五年体制がなくなって、九三年に細川政権になって、そこから情報公開法が制定されるという具体的な動きになっていく。その過程をずっとリアルタイムで見ながら原稿を書いていたのです。

瀬畑　なるほど。

三木　社会が大きく動いていくタイミングのときに学生で、情報公開について調べて書く機会をいただいていて、当時から情報公開クリアリングハウスの前身組織である「情報公開法を求める市民運動」の人たちが、経済界を巻き込んで勉強会とか研究会をやっていたのですが、私もそういうところで議事録を作ったり、資料を作るのを手伝ったりしてたのです。半分アルバイトみたいな感じでそういうことをやっていたので「門前の小僧」状態で。そして、「これから情報公開法案が政府から出てきて、結構大変だ」というタイミングで大学を卒業したので、情報公開に関する経緯がよくわかっていて、キーパーソンも全員知っていたので、そこで働くことになったのです。

結果的に、制度論を学ぶというより、生きた社会の中で、制度がすごくダイナミックに動いてさまざまな議論が行われているときに、たまたまそこにいて、頭で学ぶよりも「目の前で起こっているリアルな世界が理屈とどうつながっているか」という視点でずっと見てきましたから、その意味ではたぶん情報公開の専門家と言われる弁護士や研究者たちとは大分違うスタンスで関わっていたと思います。

瀬畑　今の三木さんの動き方というのは、初発の問題意識が連続していて、スタンスが変わりませんよね。そこは法学者の人たちと全然違うな、と思います。

三木　そうですね。それも、何か時代のタイミングみたいなもので、そこに居合わせて、いろんな偶然に出会っていたから、結果的にそういうふうな形でものを見ざるを得なかったというところもあると思うのですよね。

情報公開法がこれまでの文書管理のルールを変えていった

瀬畑　三木さんがその世界に飛び込んでから、二〇〇一年に「行政機関の保有する情報の公開に関する法律」(情報公開法)が施行されました。そのときの評価はいかがでした？

三木　情報公開法ができたときは「及第点」というのが私たちの評価です。自治体条例で形式的に行き詰まっていたところを、部分的に情報公開法は乗り越えたからです。「情報公開法要綱案」を作ったときの行政改革委員会行政情報公開部会の委員の人選は、非常に重要で、もっと保守的な人たちを集めていれば、もっと保守的な法律になっていたのでしょうけれど、それなりに優れた人たちが集まっていた。

なので、情報公開法の案が出てきたときは、課題はあるけれども及第点で、マルかバツかという判断は私たちはまったくしなかった。法案が国会に提出されると、野党が与党と修正協議などを始めるのですけれども、私たちもかなり明確に修正点の優先順位はつけていて、法律そのものがまったくダメという判断ではなくて、むしろ「このレベルの法律だったら、この部分が修正されれば作ってしまったほうがいい」と考えていました。法律の中に自治体に対する条例制定や改正の努力義務規定が入っていたので、法案審議中に自治体での条例改正の動きも出てきて、先のことも見ながら動いていたので、「課題はあるし、まったく修正しないというのは受け入れられないけれども、早く作るべき法律だ」という判断だったのですよね。だから、「法案の修正と早期成立がセットだ」という結構矛盾のあることを要求していました。それは、「手段が与えられないとスタートラインにも立てない」からで、その手段が、それなりに使えるレベルになったということなので、及第点という評価です。

ただし、課題があるのもわかっていたし、情報公開法を作る過程で、「国立公文書館法」が議員立法として出てきて、野党の議員には廃棄・移管問題について質疑を一回やってもらっているんです。

情報公開法ができると、これまでの文書管理のルールが変わって、行政文書を管理する仕組みに変わっていく。公文書について統一的な定義を作ることになるので、管理のルールが変わってくる。そのときに、公文書館の機能拡充という法律を作るというので、何とかそこをリンクさせようと試みたのです。でも結果的にそれはできませんでした。

情報公開法は、文書管理について規定を設けて政令で定める、とはしていましたが、文書の管理がどうなるかという具体的なところは積み残しになり、歴史文書問題も先送りされたところがあるのです。問題があるということはみんな認識していたけれども、じゃあ、どうするかというところまで、社会的にもあまり議論が煮詰まっていかなかったですね。

なので、制度ができたら「どうやってその制度を活用できるようになるか」とか、あるいは「使う人をどうやって増やすか」というほうに、法律制定後は関心が移っていったという感じでした。

公文書大量廃棄の背景

瀬畑　国立公文書館法を情報公開法にうまくリンクできなかったというのが、情報公開法施行直前に大量に文書が廃棄されてしまったことにつながった、という認識なのですか、三木さんは。

三木　大量廃棄になった原因の一つは、保存期間の上限が三〇年になったことでした。

瀬畑　そうですよね、文書の永年保存がなくなって、期限が付けられることになった。

三木　あと、廃棄のルールのところは手当てができなかった。当時から、うちの関係者に神奈川県の県立公文書館の元館長がおられたので、神奈川県の仕組みはずっと聞いていて、廃棄のルールをどうするかということと、歴史文書としての移管のルールをどうするかが課題だということはわかっていました。

でも、ちょうどすきまがあいてしまった。三〇年が上限になったので、三〇年を超えて持っている文書は合法的に捨てられるようになりました。それまで永年保存だったものは、基本的に廃棄しない前提で各行政機関が持ち続けていたものなので、上限が三〇年となったから、それを超えるものを廃棄すること自体が発想としておかしい。国立公文書館に移管すべきものだと思いますが、国立公文書館法は、国立公文書館への移管は「国の機関との合意」を必要としました。各行政機関がいいよと言わないと、移管ができない仕組みになっていたので、結果的にすきまがあいてしまった。

法案審議中にも「そういう危険がある」と言ってはいたんですけれども、具体的に現実問題としてやはりそうだったということがわかったのは、だいぶ後になってからでした。だから、「制度のすきまにこぼれ落ちるものがたくさんある」ということは後々わかるという感じですね。

墨塗り文書のインパクトよりも大事なこと

瀬畑　実際に情報公開法ができたことによって、どう社会は変わっていったのでしょう？　たまたまインターネットが発展する時代と重なったのが大きかったと思うのですけれども。審議会の議事録などが一定程度、公開されるようになったり、プレスリリース的なものはウェブに上がるようになったり、少なくとも以前よりは確実に情報が見えるようになったということはあると思うんですが。

三木　情報公開請求というのは、受ける行政のほうからしても結構手間がかかります。だから「請求を受けて、毎回決定して出すよりは、あらかじめ情報提供したほうがいい」という感じはあると思います。そしてインターネットというツールを使えば、あまり制限なくできる。そういう面で、情報公開法ができたことによって、より情報提供が進んでいる側面もあると思います。請求される前に出してしまったほうが負担は少ないから、行政側の作業の優先順位のつけ方というか、情報提供とか、情報公表へのインセンティブも変わってきているとは思うのですよね。

ただ、出される情報の量が増えれば増えるほど、「出しているのに気がつかないほうが悪い」という話にもなってくるので、そういう意味では、出された情報を私たちがどう利用するのかということも考えておかないといけない。

例えば真っ黒塗りの文書が出てくると注目が集まって、「黒塗りはおかしい」と言うけれども、塗りが剝がれた後はみんな関心を持たなくなってしまう。黒塗りのインパクトには関心を持つけれども、中が出てくるとみんな読まないという反応、そういう世界なのですよね。

瀬畑　わかります。

三木　そういう意味では、市民側のリテラシーも必要で、例えばすでに公表されていることを知らないで情報公開請求すると、公表情報と同じものが出てくるのです。それだと、制度を使って多くの時間とコストをかけただけで情報公開が広がらない。だから、実際に制度をちゃんと使おうと思うと、基本的なリサーチをするとか、「自分たちは何がわかっていて、何がわからないのか」という区分けをする必要がある。実は情報公開というのは、公表される情報量が増えていけば増えていくほど、情報を求める側の努力も要求される場合があるのです。ですから、情報公開のされ方と、情報とのつき合い方は変わってきていると思います。

一方で、本当に今の多くの人が関心を持っていることに関して、リアルタイムで重要な情報が出てくることはあまりない。そして世の中には、いろんなトピックがどんどん出てきて、消費され忘れられていく。問題を解決するまで頑張る人たちというのはごく少数です。イシューとしてみんなが関心ある瞬間にリアルタイムで出てくる公的情報は少ないから、その意味で情報公開はすごく遅れているし、進んでいないし、黒塗りばかり出てくるという状況になるのです。

いくら美しい制度を作っても、生きた制度として機能させなければ意味がない

三木　ただ、そのイシューというのは、世の中の関心が高くなくなっても、ずっと社会に影響は及ぶわけです。そうすると、時間が経てば経つほどアクセスできる情報は増えるけれども、一番皆が注目して議論している時期にその情報がないので、結果的には政策が変えられないとか、その制度がもう定着していて、なかなか変えるきっかけがないというタイムラグがどうしても生じる。だから、本当は一番熱いときに多くの情報がちゃんと出るようにしなきゃいけない。そうするためには、行政運営の質とか、政治活動の質とか、あり方を変えるしかない。だから情報公開にも、公文書管理にもつながりますが、制度をどう作るかというのは大事なところですけど、制度をどう機能させるかを考えることも大事で、いくら美しい制度を作っても、機能させられなければ、社会の中で生きた制度にならないんですよね。

私は、わりと早くから政策の現場に入れてもらっていて、大学を卒業してすぐの九七年

から、公募されていた「東京都における情報公開制度のあり方に関する懇談会」の委員になって、条例改正の議論をやって、その後もどこかの自治体で審議会の委員などをずっとやっているのです。

だから、条例を使う側でもあるし、情報公開訴訟をしたりしていますが、自治体制度の運営の場や、制度を作る場、改正する場にも関わっていて、そこで見えているリアリティもやっぱりあるのです。

そういう場で見ていると、「なぜ自治体の人たちがこれについてこんなに抵抗するのか」というのは、理由がないわけではないこともあって、彼らは、それがどうやって組織の中で動くかということを想定してものを言っている。そうすると「条文の書き方としてこれは美しいけれども、機能させるときにこういう波及がある」とか、「この文言を選択することが、自治体の条例全体の中だと、どういうことになるのか」ということなど、こちらが見えていないレベルで、現場で実務をしている人たちがわかるところもあるのですよね。

私は社会に出てすぐに、そういう場所に入れてもらって、ずっと見てきたので、やはり「どう機能するか」は見逃せないのです。ただ、そこには法律や条例を機能させるのも、

「現状の体制や仕組みなどの前提の中でやるのか」、それとも、「それを受容する組織に変えていくのか」という変わり目もあると思うのですよね。

行政、公務員バッシングの風潮と公文書

三木　どちらかというと、現状を根底から変えるというよりは、「受容させるような組織のあり方に変えていく」とか、「制度をこうすることによって、より受容させるようにする」という発想が大事だと思っているのです。

情報公開も、「制度論としてこうあるべきだ」ということもあるのですけど、より情報公開を受容して、それを前提として信頼されるような組織になるように努力することに意味を見出《みいだ》してもらうことが大事です。

行政は情報を作るために仕事をしているわけではなくて、仕事をする過程で文書ができて、情報が生まれるので、組織のあり方と、情報公開、公文書の問題は切り離せないんです。

私はわりと昔から「行政運営の適正化と情報公開はセットだ」という発想なのです。これがうまくいっていないと、不祥事や問題が多い組織になるし、適切なリーダーシップがないと、隠蔽体質を強化することになる。

逆に、不祥事をどう乗り越えるかという組織のあり方次第で、向かう方向が違ってくる。それに「不祥事を前向きに乗り越えて、糧にして進むことを、皆がよしとしてくれる社会かどうか」ということもあります。

今、特に九〇年代以降は、行政や公務員バッシングが結構激しいですが、私は自分がたくさん間違いをする人間なので、人の間違いに結構寛容なんです（笑）。間違ったことで起こった結果に対しては適度に責任をとらなきゃいけないけれども、「それを糧にして同じことを繰り返さない」とか「そこから学んで何か変える」ということを重視しています。でも今の世の中は必ずしもそうではない。懲罰感情が先に立ってしまう。

どっちみち行政はなくならないんだから、「何とかして少しでもよくしましょう」という発想にならないと、いくらバッシングしても、何だかんだ言いながら、私たちは皆いろんなことを行政に依存しているわけです。であれば、「健全に、前向きに仕事をしてもらうほうが、社会にとって、私たちにとって得ですよね」という発想で、組織のあり方を考えたほうがいいと思うんです。

制度をどう改善していくか

瀬畑　でも、制度を変えることにまったく意味がないわけではないと思うんです。情報公開法も制定されてからあまり変わっていないですよね。三木さんも委員として関わっておられましたが、民主党政権のときに情報公開法の改正案を通しておけばよかったと思いますが。

三木　法改正は必要な範囲でちゃんとやるべきだと思いますよ。例えば情報公開法で言うと、法律を作ったときに及第点と言いましたけれども、要は国からすると、新しい制度が入ってくるという話ですよね。そういう初めの第一歩はそんなにアグレッシブな制度はできないわけですよ。まずは、国にとって許容可能な範囲の制度ができる。だから、ある程度なれてきた段階でもう一歩進むということはやっぱり必要だと思うんですね。そういう意味では、評価や検証をしながら法律の見直しや制度の見直しをするのはすごく重要なんですよ。

だから、公文書管理もですけれども、まずは制度ができたら、制度がどう機能しているかや、どう運用されているか、どの辺に課題があるかをちゃんと評価して、必要な改善をしていく。それは法律の改正だけじゃなくて、日常の運用レベルでの改善も大事なんですね。そういう積み重ねの中で法改正しないと、制度が前向きに機能していかないというところはあるんですよ。

ただ、最近は法律を変える変えないが、すぐに政治対立になってしまう。野党も情報公開法や公文書管理法の改正案は国会に出していますが、政治対立の対立軸として出している以上、与党は受け入れられないですよね。だから野党がダメとか、そういう話ではまったくなくて、むしろ、そういう政治対立とは別の土俵を作って、政治の人たちがその土俵に乗れるようなものを作らないと。

瀬畑　でも、自民党はそれになかなか乗っては来ないですよね。

三木　ちゃんと調べた上で、それなりに筋を通してやっているのか、それとも、ある種の思い込みも含めて声が大きいだけなのかというのは、政治家は見ていないわけではないはずなので、そこは諦める必要はないと思うんです。ただ、優先順位をつけて現実的に取れるところを取るというふうになる必要もあると思っています。

こういう分け方が正しいのかわからないですけれども、私はどっちかと言えば原則をふまえて、あるべき姿と実現性を考えて政策提言を考えるので、アドボカシー（政策に影響を与えるための政策提言）的に制度を見るようにしています。だから、原則を大事にしていますが、わりと柔軟なんですよね。原則は普遍的なものなので、自分の主張とか理論のためではなく制度が一歩でも前に進むことが大事で、自分なりにこうすべきだと思ったとしても、優先順位を決めることはします。だから、そこはわりと柔軟だし、是正はするんですね。

「真ん中あたりにいる人たちに対して、ちゃんと通じる言葉を持つ」

瀬畑　行政の適正化ということに関して、私自身、以前からなかなか書きづらいなと思っていて、行政の外側の人間からどう言えばいいのか、結構悩むのです。三木さんは、具体的に行政の人たちとも関わってこられているから、たぶんわかることがたくさんあるのだろうと思うんですけども、知らない人間はどうすればいいんでしょうか。我々のリテラシーはどう上げていけばいいのか。

公務員の人と情報公開について話をするときに、「結局、あなたたち、公開したって我々を批判するだけでしょう。なんでそうなるために、こっちが一生懸命出さなきゃいけないの？」みたいな本音トークをされることがあって。彼らは過度に責められたことがトラウマになってしまっているというか。

それで公務員の人たちは「情報公開って面倒くさい」とか、日常業務の上にかぶさってくるような業務だから過重労働になるとか、どうしてもそういうふうに後ろ向きに受け取る人が多くなってしまっているのかな、と思います。

それをお互いに、「その文書は残すほうがいいんですよ」とうまく伝えるとか、こちら側も「批判の仕方を考えましょう」みたいなことをどうやっていけばいいのか、と。公務員叩《たた》きみたいなことがここまで広がってしまっている中で、それを引き戻していく手段ってどうすればいいんだろうと、すごく考えるところがあるのです。

私はとにかく冷静に、あまり感情的なことは書かないようにしよう、と意識しているんですが。三木さんも、感情的な批判は絶対しないようにしているのは、文章を見ていてもよくわかります。ただ、このような考え方になってしまっている公務員の人たちに対して、どのように声を届けていけばいいのでしょう？

三木　私も、別に日常業務に関わっているわけではないですが、多少機会があるので見ることはありますし、委員という立場で公務員とコミュニケーションするときは、それ以外の立場のときと質が全然違うので、そういう意味では業務へのアクセスもあるとは言えます。ただ、細かい話よりも、「ちゃんと原則が共有できているかどうか」というのがすごく大事だと思うんです。問題が起こった場合とか、制度をどう作るかというのは、原則との対話で全部調整していくべきものですから。

制度を作るときには、いろんな選択肢が出てくるので、それぞれの考えで同じことをめざしても、違うものが作られるということはよくあるわけです。どんな世界でもそうですが。

だから一番重要なのは、「何を原則に」とか「何を基本的な権利に据えて制度を作りましょうか」という「戻るべき原則」をちゃんと共有できるかどうかだと思うのです。

もう一つ、すごく大事だなと思っていることがあります。人間は私も含めて、感覚的にわかりやすいことに対して反応しやすいわけです。でも直感的にわかりやすいことを直感のまま受け取るのは、リテラシーを発揮していない状態ですよね。

直感的にわかりやすいものに対して「一体それって何でしょう？」と、立ち止まって考える人たちもいるわけです。

そういう意味では、右と左という言い方は私はあまり好きではないのですけれども、両極で、すごく声の大きいアクティブな人たちの層というのは、話をしてもほとんど意見は変わらない。私がこれまで、いろいろやってきて、実感としてあるのは、その真ん中に大多数の人たちがいて、「両極の言っていることは違う」と思っているけれども、「現状はおかしい」と思ったり、筋が通った主張に対してそれなりに共感したりしている人たちがいるわけです。その人たちに通じる言葉を、声の大きい人たちがちゃんと持っていくというのが、とても大事だと思うのです。社会の実相は目立つ意見にのみあるわけではないので、

「真ん中あたりにいる人たちに対して、ちゃんと通じる言葉を持つ」ということは、とても大事だと思っているんです。

民主制を支える仕組みやシステムの脆弱性《ぜいじゃくせい》

三木　情報公開の問題で言うと、先ほどの黒塗り問題ですが、ビジュアル的にとてもわかりやすいので、いかにひどいかという話になるし、実際に非公開で情報が遮断されるので問題はたくさんありますけど、「隠された情報が出るか、出ないか」だけではなくて「どうやったら、より見えるようになるか」ということを考えて、見えるところを探すことも、やっぱり必要なんですよね。

墨塗りを剝がすには、基本的に行政がそうするか、あるいは裁判とかで勝たなければならないわけです。でも、「非公開だから何もわからない」と言っているだけだと、いつまで経っても被害者状態から抜け出せない。

であれば、見えないところを見ようとするだけではなくて、「見えるところから開いていく」ことを考えたほうがいいし、情報公開といったときに「いろんな広げ方をやってみる」ということが大事だと思うのです。「見えているものをどの視点から見るか」ということも必要ですし。

今の制度はたくさん問題があって、いろんな意味で不条理な非公開の判断も多いので、それはやっぱり変えなきゃいけないとは思うのです。

一方で、「出さない制度が悪い」と主張して、被害者意識を持つだけで終わってしまう状態も、私はちょっと違和感があるのです。不条理なこともあるけれども、不条理を不条理だと叫ぶだけではやっぱりダメで。それだけだと、本来、自分たちが獲得できるものも獲得できない可能性がある。

だいぶ時代が変わってきて、一昔前とは政策提言や実現のための活動をしている人たちの行動や考え方は違ってきていますよね。論点化や焦点化して、問題について事実や実態の調査をして、そこからナラティブなストーリーができて、それを持って政治に働きかけるためのロビー活動をするという。ただ、やっぱりそういうことができるのは、困っている人の顔が見えるとか、権利を侵害されている状態がわかるとか、環境問題のように視覚的にも把握しやすい分野という傾向はある。

最大の弱点は、民主制を支える基本的ないろんな仕組みや活動が、まだ脆弱なところです。情報公開、公文書管理って、民主主義の根幹に関わると言われますが、「そこで皆さんが言っている民主主義って何ですか」というところが、どんどん抽象化されている気がします。

漠然と「民主主義を何とかしなければいけない」というと、巨大なものに立ち向かっている感じになって、制度論に具体的に落としこみにくい議論になってしまうので、「じゃあ、どこからいけば本質論的な議論により近いところで、ちゃんと論が立つか」ということを考えなければいけない。

そこがはっきりしていれば、感覚的にわかりやすい話でなくても、常識からしてわかる話になってくるところがあるので。

例えば「この問題はこういうふうに議論するもの」という型が今はありますよね。税金の使い道の問題にしても、公務員バッシングの問題にしても。でも「型にはまる」ということは、気をつけないと条件反射的に「こういう問題があったら、こう叫ぶ」という

「パブロフの犬」のようになってしまう。

批判の前に「何でそういうことになっているんだろう」ということを、ちゃんと考える人が増えるように、そういうふうに情報発信をしていく。決まりきった発想から脱出するというのが大事です。

瀬畑　それは学問の世界でも同じように思いますね。まずは問題意識を持つこと。その後は「なぜ」を問い続けること。そのために、自分でいろいろと調べ、調べていく中で、さらに問題意識をアップデートして考え方を高めていく。私自身、この公文書問題を考える際に、なぜそのようなことが起きているのかを知るために、原因と経緯とを考えようとしています。

学生に教えるときも、そこはかなり意識して話すようにしていますね。どこまで伝わっているかは心許ないですが。

「何を選ばなかったのか」ということを記録していくメリット

瀬畑　昨今の森友問題や加計問題など、さまざまな公文書管理をめぐる問題が噴出しましたが、公文書管理という点に絞って考えれば、安倍政権に始まった話ではなくて、以前からの問題が噴出しているということですよね。

三木　そのとおりです。問題の本質は権力をどう民主的にするかという話で、そこがうまくいかないから、今のような政権に対してなすすべがないような状態になったりするわけなんですね。

権力という言葉を使うと、イデオロギー的と人は捉えがちですけど、やはり民主主義って基本的に権力をどう民主的にするかという問題として考えるべきで、今の政権だけの問題として議論するのは間違いですね。

瀬畑　どういう政権になっても、国民はちゃんと注視して監視していかないと、どんどんと悪くなって腐敗していく可能性がありますよね。

三木　注視して、監視してというだけじゃなくて、要は、当事者として関与したい人が関与できるような仕組みにしていくのが大事です。特定の人から意見を聞くだけじゃなくて、より開かれた意見を言える場を確保するとか。

日本の場合って、案ができたらパブリックコメントなどで意見を聞くけれども、海外の例を見ていると、こういう論点で改正議論や政策議論をするかという段階でコンサルテーションするのですね。その中で筋の悪い論点とかをそぎ落としていくこともやろうと思えばできる。そうじゃないと、筋の悪い論点で案まで作っちゃうともう取り下げられないというような、日本の典型的な悪い政策議論になってしまう。

だから、本当は論点設定の段階で丁寧にコンサルテーションをしたほうが、多様な意見をふまえて調整しやすいですし、プロセスもよりオープンになるし、無理に数字を作って資料を作る必要もなくなってくる。だから、そういう意味では、今の仕事の仕方とか物事の決め方が、情報公開、公文書管理の質にすごく影響を与えることになる。

情報公開で大事なのは、政策って、選択肢が一つだけじゃないということです。年金の問題にしたっていろんな考え方があって、その中から政権が「これだ」と思ったものを選んでいくわけですよね。だから、政策や物事を決めるときに「なぜそういう選択肢を選んだのか」、「何を選ばなかったのか」ということを記録していくほうが、組織の力や政策の力は上がっていくはずなのです。

「このとき、こういう選択肢もあったのに、こっちを選んで、結果どうだった」ということ、「じゃあ、何でこっちの選択肢を選ばなかったのか」「その選択肢を選んだらどうだったのか」ということを後から振り返って検証することによって、ちゃんと学べるようにしたほうがよいに決まっている。時間は戻らないけれども、選ばなかった選択肢と、「なぜそれをそのとき選ばなかったのか」が合理的にちゃんと記録されていれば、将来の政策につながるはずなのですよね。

だから、情報公開、公文書管理に関して、文書がちゃんと残って公開もされ、検証もされていったり、記録が残っていくように最大限することが一番大事。それができる政治を選ぶべきだと思うのです。

誰がやったって難しい政策はあります。年金なんかその典型で、誰がやったって今のままでは、将来はものすごく削り込まないとシステムが回っていかないことは誰でもわかる話なので、そこは、政策を選択した理由だけでなくて、選択しなかった選択肢の理由の記録も作るとか、情報公開をちゃんとしていくという話に本当はしなきゃいけない。選んだことに対する責任と問題の原因の議論をしないと、過去はもういいから前向きの議論だけしようとすると、同じ失敗を繰り返す可能性があります。

瀬畑　そうですよね。歴史研究をしていると本当に実感します。基本的に、日本では「失敗を水に流す」ことをよしとしている人が多い気がします。官僚もあまり過去を振り返らない。過去にやったことを振り返っても実績にはならないので。

三木　ただ、基本的に、どんなに批判したって、行政組織はなくならないし、公務員や議員もいなくならないので、「健全に前向きに仕事してもらいましょう」という感じですね。

（二〇一九年七月二五日、於：情報公開クリアリングハウス事務所）

おわりに

本書は私が集英社新書で出す三冊目の本になります。一冊目は、二〇一四年に中国史の久保亨《とおる》先生とともに書いた『国家と秘密—隠される公文書』でした。

その後、この本を読まれていた『時の法令』の編集者の方から連載の依頼を受け、二〇一六年四月から月一回の連載を始めました。「公文書管理と日本人」と題した連載は、結局三年間続きました。二〇一九年四月からは、公文書管理の歴史を振り返る連載を続けています。

この「公文書管理と日本人」の前半部が、二〇一八年に刊行した二冊目の『公文書問題—日本の「闇」の核心』でした。本書は、連載の後半部をまとめたものになります。『時の法令』の編集を担当されている雅粒社のみなさまには、この場をお借りして御礼を申し上げます。

私の研究テーマは象徴天皇制の形成・展開過程です。なので、公文書問題においては、「専門家」というよりは、公文書を「利用する」立場から、リアルタイムで起きている問題の「ウォッチャー」として発言してきました。問題をわかりやすく解説し（単純化はせず）、少しでも多くの人に「公文書管理の問題が民主主義の根幹につながっている」ことを知ってほしい、この問題をきっかけに政治のあり方について考えてほしいと願って書き続けています。このような地味なテーマであるからこそ、集英社という大手出版社から刊行される意義は大きく、多くの方の目にとまっていることはありがたいことだと思います。

本書の最後に、特定非営利活動法人情報公開クリアリングハウス理事長の三木由希子さんとの対談（実質的には私によるインタビュー）を収録しました。私は歴史研究者であり、「これから」のことを語る視点は弱いので、三木さんにカバーしていただきました。お忙しい中、二時間半近くにわたって話し続けてくださった三木さんに、改めて感謝を申し上げます。

三木さんとお話をしていて気づきましたが、三木さんも私も法学部出身ではなく、情報公開や公文書管理を学問として専門的に学んだことがありません。ですが、たまたまこの問題に関心を持つきっかけがあった。問題をスルーせず、手を伸ばして考えようとした。周囲に助けてくれる人がいた。そういったさまざまな積み重ねを経て、情報公開や公文書管理について詳しくなっていったのだなと感じました。その意味では、第一歩となる「気づき」を与えること、問題に取り組もうとする人をサポートすることが、第二の三木さんや私のような人を育てるのに必要なことではないかと思います。

もし本書が、この問題に関心を持つきっかけとなり、深く考えようとする人たちの入口となれば、これほど作者冥利に尽きることはありません。

本書は一冊目から引き続き、集英社新書編集部の伊藤直樹氏にお世話になりました。また、校正の担当者の能力の高さに敬意を表します。

最後に、私事ではありますが、日頃から研究活動を支えてくれる妻の裕子、義母、両親に心から感謝します。

二〇一九年八月一一日

瀬畑　源

参考文献

朝日新聞加計学園問題取材班『解剖　加計学園問題―〈政〉の変質を問う』岩波書店、二〇一八年
朝日新聞取材班『権力の「背信」―「森友・加計学園問題」スクープの現場』朝日新聞出版、二〇一八年
安藤正人・久保亨・吉田裕編『歴史学が問う　公文書の管理と情報公開―特定秘密保護法下の課題』大月書店、二〇一五年
宇賀克也『逐条解説：公文書等の管理に関する法律』（第三版）、第一法規、二〇一五年
宇賀克也『新・情報公開法の逐条解説：行政機関情報公開法・独立行政法人等情報公開法』（第六版）、有斐閣、二〇一四年
右崎正博・三宅弘編『情報公開を進めるための公文書管理法解説』日本評論社、二〇一一年
榎澤幸広・清末愛砂編集代表、飯島滋明・池田賢太・奥田喜道・永山茂樹編『公文書は誰のものか？―公文書管理について考えるための入門書』現代人文社、二〇一九年
関東弁護士会連合会編・発行『未来への記録―自治体の公文書管理の現場から』二〇一八年
日下部聡『武器としての情報公開―権利の「手の内」を見抜く』ちくま新書、二〇一八年
久保亨・瀬畑源『国家と秘密―隠される公文書』集英社新書、二〇一四年
新藤宗幸『官僚制と公文書―改竄、捏造、忖度の背景』ちくま新書、二〇一九年
瀬畑源『公文書をつかう―公文書管理制度と歴史研究』青弓社、二〇一一年
瀬畑源「公文書と『昭和天皇実録』」、古川隆久・森暢平・茶谷誠一編『「昭和天皇実録」講義』吉川弘文

館、二〇一五年
瀬畑源『公文書問題―日本の「闇」の核心』集英社新書、二〇一八年
瀬畑源『公文書管理と民主主義―なぜ、公文書は残されなければならないのか』岩波ブックレット、二〇一九年
地方史研究協議会編『学校資料の未来―地域資料としての保存と活用』岩田書院、二〇一九年
長井勉『公文書館紀行―公文書館を取材して見えてきた現状と課題』丸善プラネット、二〇一七年
野口雅弘『忖度と官僚制の政治学』青土社、二〇一八年
布施祐仁・三浦英之『日報隠蔽―南スーダンで自衛隊は何を見たのか』集英社、二〇一八年
松岡資明『公文書問題と日本の病理』平凡社新書、二〇一八年
三宅弘『監視社会と公文書管理―森友問題とスノーデン・ショックを超えて』花伝社、共栄書房（発売）、二〇一八年
「特集　公文書とリアル」『現代思想』第四六巻第一〇号、二〇一八年六月
「毎日新聞」特集記事「公文書クライシス」
「理事長ブログ」特定非営利活動法人情報公開クリアリングハウス（三木由希子理事長）https://clearing-house.org/?cat=25
『現代ビジネス』掲載の三木由希子氏の各論考 https://gendai.ismedia.jp/list/author/yukikomiki

図版作成／クリエイティブメッセンジャー
第四部構成／稲垣　收

瀬畑 源（せばた はじめ）

一九七六年東京都生まれ。一橋大学大学院社会学研究科博士課程修了。一橋大学博士（社会学）。長野県短期大学を経て、立教大学兼任講師、成城大学非常勤講師。日本近現代史（天皇制論）・公文書管理制度研究。主な著書に『公文書管理と民主主義：なぜ、公文書は残されなければならないのか』（岩波ブックレット）、『公文書問題 日本の「闇」の核心』（集英社新書）、『公文書をつかう』（青弓社）、共著に『国家と秘密 隠される公文書』（集英社新書）、共編著に『平成の天皇制とは何か 制度と個人のはざまで』（岩波書店）などがある。

国家《こっか》と記録《きろく》 政府《せいふ》はなぜ公文書《こうぶんしょ》を隠《かく》すのか？

集英社新書〇九九六A

二〇一九年一〇月二二日 第一刷発行

著者……瀬畑《せばた》 源《はじめ》
発行者……茨木政彦
発行所……株式会社集英社
東京都千代田区一ツ橋二-五-一〇 郵便番号一〇一-八〇五〇
電話 〇三-三二三〇-六三九一（編集部）
〇三-三二三〇-六〇八〇（読者係）
〇三-三二三〇-六三九三（販売部）書店専用

装幀……原 研哉
印刷所……凸版印刷株式会社
製本所……加藤製本株式会社

定価はカバーに表示してあります。

ISBN 978-4-08-721096-5 C0231

a pilot of wisdom

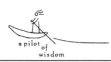

a pilot of wisdom

a pilot of wisdom

集英社新書　好評既刊

隠された奴隷制
植村邦彦　0983-A
マルクス研究の大家が「奴隷の思想史」三五〇年間をたどり、資本主義の正体を明らかにする。

俺たちはどう生きるか
大竹まこと　0984-B
自問自答の日々を赤裸々に綴った、人生のこれまでとこれから。本人自筆原稿も収録！

「他者」の起源 ノーベル賞作家のハーバード連続講演録
トニ・モリスン　解説・森本あんり／訳・荒このみ　0985-B
アフリカ系アメリカ人初のノーベル文学賞作家が、「他者化」のからくりについて考察する。

定年不調
石蔵文信　0986-I
仕事中心に生きてきた定年前後の五〇〜六〇代の男性にみられる心身の不調に、対処法と予防策を提示。

言い訳 関東芸人はなぜM-1で勝てないのか
ナイツ 塙 宣之　0987-B
M-1審査員が徹底解剖。漫才師の聖典とも呼ばれるDVD『紳竜の研究』に続く令和の漫才バイブル誕生！

資本主義の終わりか、人間の終焉か？ **未来への大分岐**
マルクス・ガブリエル／マイケル・ハート／ポール・メイソン／斎藤幸平・編　0988-A
「人間の終わり」や「サイバー独裁」のようなディストピアを退ける展望を世界最高峰の知性が描き出す！

自己検証・危険地報道
安田純平／危険地報道を考えるジャーナリストの会　0989-B
シリアで拘束された安田と、救出に奔走したジャーナリストたちが危険地報道の意義と課題を徹底討議。

保護者のための　いじめ解決の教科書
阿部泰尚　0990-E
頼りにならなかった学校や教育委員会を動かすこともできる、タテマエ抜きの超実践的アドバイス。

「国連式」世界で戦う仕事術
滝澤三郎　0991-A
世界の難民保護に関わってきた著者による、国連という競争社会を生き抜く支えとなった仕事術と生き方論。

「地元チーム」がある幸福 スポーツと地方分権
橘木俊詔　0992-H
ほぼすべての都道府県に「地元を本拠地とするプロスポーツチーム」が存在する意義を、多方面から分析。